皇室の秘密を食い荒らしたゾンビ政体

Yanagimushi Conspiracy

Fujiwara Hajime
藤原 肇

ヒカルランド

むすんでひらいての謎

皆さん。今日は。

二十一世紀における革命的な本書に、良くいらっしゃいました。

この本には三冊の本が詰まっています。

一冊目は「序文」、「まえがき」、「あとがき」、からなる初級の『結開友の会』編で、二冊目は「まえがき」から「第一篇から第三篇までの『舎人《とねり》友の会』と「あとがき」に至る中級編です。

そして、三冊目は「序文」から「付録」まで全部を読み通す、「達人編」とでも呼べるもので、本書を手に入れた人は、どれでも自由に選択できますが、既にこの紙の本を入手しているので、藤原ブック・クラスターの同人です。中級以上の人には、行きつ戻りつする再帰法を利用し、ノンリニア法の読書をお勧めして、ヨーロッパの読書人が味覚を楽しみ、行間を味わう喜悦を存分に、満喫して頂ければと思います。

それでは、電磁波障害のあるケイタイをしばし忘れて、どうか貴方の好みに従って、前葉頭に刺激を与えてくれる、アナログ人間向きの紙の本で、読書の快楽を楽しんでください。

藤原　肇

※本書は同名タイトルのアマゾンの電子書籍版に「序文」「付録」などを加え、加筆したものです。

序文――ヤナギムシコンスピラシー

私の遺伝子を示す系統樹を辿れば、その中に藤原定家がいるらしく、『新古今和歌集』や『明月記』で知られ、「小倉百人一首」を作った彼は、歴史の証言を残した歌人であり、高校生の私は作品を読み漁った。

脱藩して半世紀以上も異国を流浪し、海外から故国を眺めた時に、座右にあったのは堀田善衛《ほったよしえ》の『明月記抄』であり、荒廃していく四囲を眺め、月を見上げて往時を追想し、「見渡せば　花も紅葉もなかりけり　浦の苫屋《とまや》の秋の夕暮れ」と嘆息して、百人一首を組み上げた、彼の生きざまに共感した。

知の巨人の松岡正剛が書いたように、『定家明月記私抄』は、「惜読」の書の雰囲気を伴って、藤原定家の感慨が伝わるのだが、政体が狂うことにより、世が乱れて気が枯れてしまう。そして、花も紅葉も枯れ果て、人々は沈んだ気分になり、秋の肌寒さに不安を抱き、この世が常でないと思い、浅き夢見しと嘆きつつ、この世の無常を噛み締める。

堀田善衛《ほったよしえ》の『方丈記私記』に、地震が頻発する中で、「学徒群起、僧兵狼藉《ろうぜき》、群盗横行、飢餓《きが》悪疫《あくえき》、地震、洪水、大風、降雹《こうひょう》、大火」が起き、「古京はすでに荒れて、新都はいまだ成らず、ありとしある人は、皆浮き雲の思いをなす」とある。

後鳥羽上皇が君臨して、『新古今和歌集』を編纂し、西行法師や鴨長明《かものちょうめい》が、『古今和歌』の時代を思う時に、そこに素性法師《そせいほうし》の歌で、「見わたせば　柳桜をこきまぜて宮こぞ春の錦《にしき》なりけり」がある。この歌と定家の吟《ぎん》が、初五の〝見わたせば〟で、共振し合うことにより、後鳥羽上皇が登場して、「見わたせば　山もと霞む水無瀬川夕べは秋と　なに思ひけん」に繋がる。

＊　＊　＊　＊　＊

2020年の初夢から醒めて、寝床で孟浩然《もうこうねん》の「春暁」を思い、ぼんやりした気分

春暁　孟浩然
春眠不覚暁
処処聞啼鳥
夜来風雨声
花落知多少

春眠暁を覚えず
処処に啼鳥を聞く
夜来風雨の声
花落つること
知んぬ多少ぞ

で瞑想をしてから、また一眠りした後で、鳥の鳴き声を聞いたのか、ようやくのことで目覚めた。2020年は視力検査表では、最高の視力の2・0揃いだが、老眼で視力が衰弱し、これからの自分の余生に、何冊の本が書けるかと思い、寂しい気分に包まれた。

再び眠りに落ちてから目覚め、そろそろ起きようと思い、差し込む朝日の中で踊っている、チンダル現象を眺めたら、初夢に続くこの世の思いが、高校時代の国語の授業で学んだ、『新古今』の「三夕《さんせき》」だと覚《さと》った。

そして、こんな「たゆとい」の時間には、『荘子』を思い浮かべて。至福の時間を過ごす代わりに、久しぶりの『新古今』にしろ、秋の夕暮れとは冴《さ》えないと思った。また、新春に秋景色かと当惑したが、次の瞬間に今年は厄年で、ドイツ銀行が潰れるなら、大転換期になりそうだ、という気分に包まれて、偶有性の時代だなと思った。

シンクロニシティだろうが、定家が好んだ本歌取りで、「政体は　花も紅葉もなかりけり　浦の苫屋の秋の夕暮れ」と呟き、それで何となく頭が冴えた。

そして、国体とは天皇ではなく、隠喩《いんゆ》の皇室の秘密財産は、通貨発行権のことを指しており、戦前の皇室財産の実態が、日銀や横浜正金を始め、日本の産業資本だったと、しみじみと噛み締めて納得した。

だから、毎年のように楽しんだ、京都での花見を追想し、「見わたせば　柳桜をこきまぜて　宮こぞ春の錦なりけり」を思い、定家の夕暮れの歌とは、その違いの大きさに愕然《がくぜん》とした。ゾンビが君臨する今は、「花も紅葉もなかりけり」で、虚飾のアベノミクスにより、民草は貧困で呻吟《しんぎん》し、隠蔽改竄《いんぺいかいざん》、群盗横行、飢餓悪疫、地震、洪水、津波、台風と、不安に苛《さいな》まれている。

それは長寿瑞光《ずいこう》を讃えて、繁栄と喜びを象徴する、右近の橘《たちばな》と左近の桜が、立ち枯れ状態を呈するのだし、周辺の柳の林が柳虫に、食い荒らされたせいである。自然環境は共生関係であり、贈り与える徳を失って、奪う政治が支配すれば、自然による湯武放伐《とうぶほうばつ》の摂理が、天災異変をもたらせ、狂った状態を改めて行く。

しかも、同じ「見わたせば」で始まり、「山もと霞む」に続けて、水無瀬川を吟じているのに、後鳥羽院は武士を集め、承久《じょうきゅう》の乱を起こして、都を荒廃の巷《ちまた》にしてしまった。文化の精緻《せいち》を極めた、和歌を楽しんでいれば、天子の営みを果たし、都を錦で飾り得たのに、平安京を戦禍で包み、緑の柳が枯れるに至った。

言葉が織りなす世界は、宇宙と世間と人間が、天地人の三才で綾《あや》なす、浩然と典雅な余情を描く、韻律と知恵の隠し味で、絶妙な詩境を描く芸術である。戦火で構造物が崩れ落ち、ガラクタは骸《むくろ》を晒《さら》しても、精神は目に見えないし、高貴な趣味は落ち着き、天子を取り巻くのに、後鳥羽院はそれを誤り、師匠の定家は和歌で諫《いさ》めている。

昔から言う通りであり、「これ知る者は、これ好む者に如《し》かず、これ好む者は、これ楽しむ者に如かず」（論語）で、それを実行している者が、貴族と呼ばれるのだし、最良の貴族が天子である。また、言葉を知って好み、楽しむことによって、天の恵みと法を知り、内なる心を言葉に変え、外にと向かうリズムで、表現する時に和歌が生れ出る。しかも、小倉百人一首を藤原定家は、十次元の魔方陣に仕上げたのだった。

心の律動である言葉は、自然の力に照応した、意識の流れであるし、宇宙に漲《みなぎ》った情報だから、聖書は初原の言葉を論じ、古代の人は言霊《ことだま》を崇《あが》め、大地の息吹の声に感応した。そこに古神道が生れ、自然と調和して生き、それを三十一文字に結晶させ、詩心を託した和歌には、大和心《やまとごころ》が託されて、敷島の自然と文化が讃えられた。

だから、外に向かう言葉を磨き、宇宙を体現するのに、観察眼と感性を養い、思考の深化を通じて、頭での理解を促す形で、無意識で共振し合う、そんな芸術を賢所《かしこどころ》は生み出した。賢いという文字には、豊かさの貝を土台に、頭脳で判断し諫言《かんげん》を担う、諫議太夫《かんぎたいふ》の魏徴《ぎちょう》と並び、働き者の民草が乗って、「恒産あれば恒心あり」で、平安の世を楽しむ姿がある。

「見わたせば　柳桜をこきまぜて　宮こそ春の錦なりけり」を吟じ、最も洗練された時代として、貴族文化を育て上げた、典雅な雰囲気の中には、平安を讃える春の景色が漂っている。だから、けだるい春眠の曙《あけぼの》は、自分自身との会話が、再び夢の世界に誘って、無意識との対話になり、荘子の胡蝶《こちょう》と同じで、夢と現《うつつ》の境界が消えてしまう。

＊　＊　＊　＊　＊

また一眠りして目覚め、机に向かって執筆したが、その2か月後に武漢ウイルス騒ぎで、中国はおろか日本や全世界が、パンデミックになるとは、夢にも思わなかった。初夢には片鱗《へんりん》もなく、新年に移行したのに、急転直下に様子が変わり、疫病が現実化したので、孟子が語った「湯武放伐」が、これだろうと感じさせられた。

机に向かって取りあえず、先ず「ぐい飲み」を並べ、玉露を一杯味わい、最初に書いた文章は、「あとがき」の記述で、副題と結ぶものであり、30分ほど推敲《すいこう》に費やした。柳虫による害悪により、自然の恵みは荒廃し、都を飾る春の錦の図柄は、生気を失って色褪《いろあ》せ、殺伐とした風情の中で、世の末の侘《わび》しさを生んだ。

小泉から安倍に続いた、醜いゾンビ政治により、日本の国力は激減し、国民は貧しくなり果て、思考力が低下したので、士気が落ちてしまい、若者の瞳からは希望が消えた。柳に害虫が取りつき、生命力が衰えて行き、空気までが饐《す》えてしまい、一般意志(Volonte generale)までが、消え失せようとして、ジャン・ジャック・ルソーの面影が、旋律を伴って蘇《よみがえ》って来た。

ジャン・ジャック・ルソー

そのピアノのメロディは、ルソーが作曲をした、「結んで開いて」であり、フランスではオペラだが、英国では讃美歌だし、米国では民謡として、人々が歌って親しまれていた。明治初期の日本では、「見わたせば」の題名で、小学唱歌として採用されたし、平安京の栄華を偲《しの》び、格調高い文体になり、「蛍の光」と共に歌われて、小学生たちが愛唱した。

見わたせば　あおやなぎ
花桜《はなざくら》　こきまぜて

みやこには　みちもせに
春の錦《にしき》をぞ
さおひめの　おりなして
ふるあめに　そめにける

ただ、当時のこの唱歌は、歌詞が小学生にとって、難しすぎる表現だったし、続いて明治の後半期に、日清や日露の戦争があり、このメロディーは軍歌に、使われることになった。「戦闘歌」という題名で、軍歌に化けた様子は、文化を体現していた天子が、プロシア精神の影響で、大元帥になってしまい、軍国主義を体現したのに、不吉な対応をしていた。

１９４５年の敗戦により、軍歌は小学唱歌として、再び蘇って来たが、歌詞を完全に変えてしまい、今度は遊戯を伴う形で。「結んで開いて」という、お馴染みの歌詞で親しまれた。

むすんで　ひらいて
手をうって　むすんで
またひらいて　手をうって
その手を　上に
むすんで　ひらいて
手をうって　むすんで

一言付け足すならば、「結んで開いて」の歌は、作曲が思想家ルソーであり、近代国家の原理である、『民約論』の著者として、憲法がConstitutionで、国体を意味すると言明した。また、憲法は権力に対して、主権者からの命令であるし、日本人にとっての理想が、国是としてそれが表現され、その下に国民が護る約束事が法律として作られ、法治国家が成立しているのである。

＊　＊　＊　＊　＊

「結んで開いて」の歌は、宇宙の構造を寓意化《ぐうい か》し、私の「ホロコスミクス」に、通底すると感じたので、幼児たちが遊戯して、遊ぶのを眺める時に、私は浩然の気を常に感じた。結んだ拳は特異点で、シンギュラリティを示し、開いた手は開放であって、仏教で言う「空《くう》」であり、数学的には超無限だから、その図形表現は三角形である。

それを図示したものが、ホロコスミクスであり、1984年に出版している、『無謀な挑戦』の中に、宇宙システムを導入し、メビウスの帯を使い、宇宙の構造図として発表している。三次元の図を展開して、四次元にすればトーラス（円環体）が、頭の中で出来上がっても、当時の私のレベルでは、ポアンカレ予想の形で、推察するのが限界だった。

新しい挑戦は私ではなく、より若い世代の人に、任せた方が良いと思い、待ち望んでいたのだが、世紀末だのに誰も現れず、仕方がないので苦労して、苦手の英語で論文として纏《まと》めた。それがNY《ニューヨーク》で認められ、20世紀の最後の年に、大学紀要に掲載された話は、本文の中に書いて置いた。

そして、10年余り過ぎた時に、『月刊　ザ・フナイ』の高岡編集長から、米国に住む私に手紙が届き、この記事を翻訳して、雑誌に出したいと言われ、その理由がとても興味深かった。彼女が最近見た映画に、「THRIVE《スライヴ》」があり感動したが、その中にトーラスが登場し、私の『生命知の殿堂』に、同じモチーフを発見したので、読者にそれを伝えたいという。

彼女は拙著の愛読者とかで、私の台湾での講演記録が、この本の参考資料として、収録してあったのを読み、強い感銘を受けたらしく、日本語翻訳の実現になった。宇宙論に挑戦する者にとっては、「ポアンカレ予想」が、何にも増して重要だし、同時に「オイラーの等式」が持つ、美しさに感動してから、宇宙の神秘に踏み込んでいく。最近は「並行宇宙論」や、マルチバースについて、多くの学者が論じ始め、ギリシアの哲人の宇宙観に，熱い眼差しを注いで、新しい学芸復興が始まった。

『生命知の殿堂』には、講演の断片が出たが、これは主として図版であり、浩宮が読んだ全文でなく、本自体はヒカルランドから、出版されている縁で、巻末に全文を添付することにした。『月刊　ザ・フナイ』に出た翻訳は、２０１２年４月号であり、編集部が付けた註と共に、私が書いた縁起文があるので、これ以上は蛇足は加えず、熟読玩味《がんみ》して頂きたい。

最後に付け加えるなら、宇宙論のパイオニアである、ピタゴラスの墓碑銘には、「●▲■」が刻印されており、江戸時代の臨済宗の仙厓《せんがい》は、宇宙という題で、「○△□」を描いた。それについての解説は、『生命知の殿堂』の中に、次のように書いたので、付録の「ホロコスミクス」と比べ、じっくり味わって頂きたい。

「……ピタゴラスの場合は優れた数学者として、宇宙は聖なる秘数でできていると信じ、図形に表現すると円、三角、四角になり、それを立方体の形で表した場合には、球、三角錐、円柱の形を取ると考えた。だから、自分の墓に「円錐：球：円柱＝1：2：3」と刻印して、墓碑銘にしろと遺言に残したのである。「円錐：球：円柱＝1：2：3」の関係は、数学的に興味深いテーマだったので、多くの数学者が頭の体操をしており、円錐足す円錐は球になる関係が、円錐足す球が円柱になる数列として、フィボナッチ数列の受胎を告知している。また、○△□の面積を比較した場合には、断面積ではπ：2：4になるし、各立方体の表面積では2：Φ：3になるから、フィボナッチ数列の受胎から、成長への過程が観察できる。……」

なお、参考までにオイラーの等式は、次のように表現されている。

$e^{i\pi}+1=0$

であり、

e：ネイピア数、すなわち自然対数*の底

i：虚数*単位、すなわち自乗すると−1となる複素数

π：円周率、すなわち円の周の長さの円直径に対する比率である。

藤原肇　識

＊自然対数：対数は掛け算（×）を足し算（＋）にする架け橋であり、自然対数、２・７１８２８（鮒《ふな》一鉢二鉢）は、自然現象を理解する上で便利な数である。

＊虚数：現象には実の面だけでなく虚の面もあり、デカルトが現象上の数（ノンブル・イマジネール）と名付けたが、この虚数は心眼で見て初めて見える数を指している。

皇室の秘密を食い荒らしたゾンビ政体　目次

むすんでひらいての謎　1

序文――ヤナギムシコンスピラシー　3

まえがき　23

第一編　京都皇統による秘密の伝授その1

第一章　『高松宮日記』をめぐる有象《うぞう》無象《むぞう》の策謀　48

第二章　皇室を支える門跡寺の構造の複雑怪奇　57

第三章　ハープ（ＨＡＡＲＰ）の威力を知る皇室の情報力　67

第二編　高松守保による舎人の変奏曲

第一章　「石井紘基《こうき》議員の刺殺事件の謎」〈第1回〉　119
第二章　「日銀券のデザイン変更（新札発行）をめぐる疑惑」〈第2回〉　126
第三章　「誇大妄想と暴言に明け暮れた石原都政」〈第3回〉　133
第四章　「日本の金融界で野放しになる不気味なニセ札の横行」〈第4回〉　140
第五章　「不透明な総裁人事の日銀を蝕《むしば》む満州人脈の亡霊」〈第5回〉　145
第六章　「詐欺師もどきが采配《さいはい》をふるう日本の金融と財政」〈第6回〉　150
第七章　「鉄火場バクチで税金が雲散霧消する愚行を糺《ただ》す」〈第7回〉　158
第八章　「自衛隊を七面鳥にする自民党と公明党の犯罪」
――イラクへの派兵という小泉内閣の愚行のつけ〈第8回〉　163
第九章　「亡国政治の蔓延《まんえん》と経済メディアの堕落」〈第9回〉　169
第十章　「腰抜け大手ジャーナリズムと行方不明の批判精神」〈第10回〉　175

第十一章　「無いカネを貸して経済破綻《はたん》を招く亡国路線を糺《ただ》す」〈第11回〉　180
第十二章　「国政を壟断《ろうだん》する小泉商店の粗雑なドンブリ勘定政治」〈第12回〉　186
第十三章　「亡国と売国の政治で生き続ける小泉内閣のツケ」〈第13回〉　195
第十四章　「マードックを裏方にした翼賛メディアの旗揚げ」〈第14回〉　204
第十五章　「悲惨なイラクの戦場では金ピカの七面鳥は標的になる」〈第15回〉　211
第十六章　「近衛《このえ》内閣に追従してはるかに劣る小泉政治の茶番政治」〈第16回〉　219
第十七章　「宮内庁と外務省の皇室イジメと小泉内閣の対米盲従の悲劇」〈第17回〉　224
第十八章　「日本経団連の停滞人事と人材難にみる日本の宿痾《しゅくあ》」〈第18回〉　234

第三編　京都皇統による秘密の伝授その2

第一章　国が滅びる時の混乱と深層金脈の乱獲　242
第二章　異常気象の謎とカミオカンデの爆裂　251
第三章　満蒙《まんもう》を源流にする右翼の動きと大阿闍梨《だいあじゃり》の持つ影響力の源泉　269

あとがき 293
付録　全体的宇宙像――ホロコスミクス 333
注 356
参照文献 363

カバーデザイン　上田舞乃
校正　広瀬　泉
本文仮名書体　文麗仮名（キャップス）

まえがき

世紀末から新世紀にかけての体験は、日本人にとって衝撃的であり、ことによると立ち直りが不可能で、不治の亡国に落ち込み、再起不可能になる恐れもある。だが、それを試練の機会として生かし、新生ニッポンとして蘇《よみがえ》らせ、希望に溢《あふ》れた社会に作り替え、日本列島を再生した祖国に、作り直すチャンスに出来る。

20年ほど前に試みた対話は、公開など露ほど考えずに、情報交換した記録であり、今になって聞き直すと、時間を味方に出来ないで、祖国が荒廃した現状を見て、感慨無量になってしまう。

1989年は画期的な瞬間で、ベルリンの壁の崩壊と、天安門事件で昭和が終わり、冷戦体制の終焉《しゅうえん》を迎えて、世界史的な事件が続発し、まさにエポック・メーキングだった。マクロメガの観点からでは、エリオットの第三波で、これから最後の上昇波が、狂乱を作ると私には見え、石油の時代の最後を飾る、湾岸戦争の成り行きを熟視した。

ブッシュに続くクリントンが、米国の理性と良識を食い荒らし、荒廃した政治環境が世紀末を生み、弛緩《しかん》して米国に呼応して、日本では密室の五人組が、卑劣なクーデタを試みた。粉飾と欺瞞《ぎまん》に包まれて、エンロン事件に密着した形で、ブッシュ政権が誕生すると、ネオコンが大見えを切り、NY《ニューヨーク》では911事件が仕組まれ、日本では小泉内閣が誕生し、ゾンビ政治の時代が始まった。

私は米国に20年ほど住み、テキサスで石油を掘って、石油会社を経営する夢を実現し、環境破壊と共に終焉《しゅうえん》で、ビジネスから身を引いて、五年ほど世界の聖地を遍歴してから、還暦を迎えかけた頃だった。古代巨石文明に魅惑され、現代社会が精神的な面で、荒廃していることを痛感し、宇宙を支配する真理に思いを馳《は》せ、「ホロコスミクス」の考えを纏《まと》め、苦手な英語で論文に仕上げ、NYの大学の紀要に発表した。還暦の頃に試みたのに、本書の誕生に結び付くとは、当時は夢にも思わなかったが、世紀末の波乱の中で、「一期一会《いちごいちえ》」の対話を通じ、忘備録が記録として残った。相手とは自然体で喋《しゃべ》り、お互いの情報交換で、毎回5時間ほども話し、近況について語り合った。

＊　＊　＊　＊　＊

相手は私の古い読者で、複雑な経歴を持っていて、ある意味で謎に満ち、変人や奇人を好む私に、ピッタリの人間に属し、確か向こうから接近し、20年以上も付き合いが続いた。宮中や警察の内部に、精通しているだけでなく、右翼の動向や歴史について、非常に詳しかったし、政界の裏事情にまで、知り抜いていたのは驚きだった。

色んなタイプの人間が、読者として接近して、意見を交換したので、変わった経歴の持ち主には、驚くべき特性を持つ不思議な人がいたから、世間は広いと痛感させられた。読心力を持つ人とか、念力や語学力を誇り、十数か国語を喋る人も混じり、遠隔治療の達人もいて、予想外の人間の能力に、驚かされる体験に私は恵まれた。

この中年の筋肉質の体で、低い声で喋る読者は、背が低いが敏捷《びんしょう》に動き、眼光に鋭い視線を持つので、忍者に似た印象があり、最初は不気味な人と感じた。だが、物《もの》凄《すご》い読書家であり、私の本は全部読破して、著者よりも詳しい上に、何がどの本の中に書かれ、何ページという点まで、覚えていたので仰天した。

物覚えの良さについては、私の母が数百ほどだが、電話番号を覚えており、百人一首も丸暗記して、それに慣れていたので、普通の記憶力には驚かないが、この人の記憶力は抜群だった。論調とページ数までが、一致するということは、本を丸ごと覚えることで、それが数百冊となれば、『レインマン』の映画が描く、レイモンドと同じであり、「サバン症候群」は確実である。

だが、彼の素振りは普通で、レイモンドのように、変わり者風ではないし、小室直樹よりも気安く、向こうから喋りかけて、情報の弾丸を浴びせるので、聞き取るだけで大変だった。だから、相手の発言に対して、私が喋る時は良いが、向こうの説明が始まり、人名や年号の数字が、機関銃のように飛び出すと、名前や数字を覚えるのが苦手で、記憶力のない私は混乱に陥る。

最初の数年間の会話は、著者と読者の関係で、私が喋ることが多く、話はスムーズに進んでいたが、彼には興味深い人脈と、経験があることが分かり、私は次第に聞き手になった。その理由と言うのは、彼は高松宮夫妻と親しく、その方面の情報に精通し、警察や右翼と人脈を持ち、ある意味で杉山茂丸に似た、存在であることが分かった。

しかも、彼の特殊な才能を使い、『世界日報』の中に潜入し、編集長の相談相手として、代理で行動することで、情報を探ることもやり、一種の「浪人」だった経験もあった。かつて私が体験した、ペパーダイン大学で、総長顧問として代理役を果たし、世界中を飛び回ったが、それと似た経験を持ち、立場は違うが共通点があったのだ。

韓国には拙著の読者が多くいて、韓国経済新聞の社長や、韓国経済研究所長が、熱心な読者だった関係で、招かれて30度近く行き、半島の対日工作を調べた。だから、『世界日報』を通じて、統一教会が自民党を使い、どんな工作をしており、日本の政治の裏側では、何が行われているかを、知る上で貴重な人物だった。

しかも、その後は宮中に関係し、世紀末のある時点から、彼は皇室関係者と私の間で、リエゾン的な役目を演じ、歴史についての情報面で、色んなことを教えてくれ始めた。だが、人名や年号が煩雑であり、理解できないことが多く、私は後で聞き直すために、ＭＤに会話を録音して、それを米国に持ち帰った。

記憶力がゼロの私には、会話を覚える代わり、飛行機や車の中で聴き直し、録音した情報を役立て、自分専用の忘備録用に、保存して置こうと考えた。自宅は書庫同然であり、３万冊の蔵書を保有し、その内の数千冊は帳面がわりで、棒線や書き込みがあって、私の脳の記憶装置だが、本が外付けのメモリーだった。

だから、全財産を書籍代に使い、本を買い漁ったお陰で、それがビッグデータになって、何十冊も著書を書いたし、コンピュータが出る前は、紙の本が貴重なデータベースだった。また、初期の対話の録音は、磁気テープを使ったので、時間の経過で音が歪《ゆが》み、聞き出し不能に陥り、紙の本の価値が出たが、ＭＤは器械が生産中止になって、聞き取りが不能になった。

＊　＊　＊　＊

アメリカに30年ほど住んだ私は、年に数度は日本を訪れ、春の桜が美しい季節は墓参を兼ね、湖畔の町の松江で寛《くつろ》ぎ、帰路の京都で花見を楽しみ、東京では旧知と歓談した。東京での私の溜まり場は、有楽町の「特派員クラブ」であり、そこには読者が大量にいて、7割は外国の特派員だが、情報交換の楽しみは最高であり、私は趣味の「参勤交代」を楽しんだ。

「……私の情報源は有楽町の外国特派員協会（ＦＣＣＪ）だが、ここに集まる特派員の多くは、私の読者だったお陰もあり、裏とり作業は実に簡単だった。訪日の度に、ここを足場にして、私は彼らと意見の交換を行い、経験豊かな記者の取材能力のお陰で、私は外国に住んでいたのに、国内のことを知ることができた。

当時の彼らの多くは優秀であり、そのうち半分は情報関係者で、情報収集を目的に訪日していて、彼らから聞きだすのが最高だし、それを世界ではマイニングと呼ぶ。マイニングは地質調査の一部で、私は三〇年以上もやり、国際石油企業で働いた経験から、政治や経済の情報収集は、兵用地誌に較べると、至って簡単な仕事だった。

取ったものより与えた情報の方が、より多いと相手が考えるなら、相手は取られたとは感じないものであり、これは簡単な算数の問題で、世界における常識でもある。だから、メリットを生かさない手はなく、東京に宝の鉱脈があるのに、日本人の記者で利用する者は少なく、ほとんどが会社で会費を払う、日本人記者クラブの会員になって、特派員は日本ムラで群れをなしていた。……」

上の記事は私の取材の秘訣で、奥義は公開しないものだが、私も傘寿を迎える年齢になったから、ノウハウを後輩に伝えたいと思い、『ゾンビ政治の解体新書』（アマゾン電子書籍）の「まえがき」に、贈り物として書いて置いた。日本にはジャーナリストが、何千人もいるというのに、目の前に情報の宝庫があり、何時《いつ》でも探鉱が出来るのだが、私と似たやり方をする者は、片手で数えるほどしかいない。

彼らに何省の誰に何を聞けとか、何とか大臣にインタビューして、相手の反応を調べろと頼めば、彼らは外国の一流紙から、取材に派遣されているので、簡単に情報を取り記事にする。相手は外国の組織だから、信用も実力も持ち合わせるし、結果を教えて貰うだけで、私が取材をしないで済むし、情報のメタトレードオフで済むなら、こんな効率的なものはない。

こうして20年余りが過ぎて、多くの知人が幽界に旅立ち、私が取り残された感じであるが、その間に日本は貧しくなり、大半の産業は衰退して、若い世代から志と覇気が消えている。そして、虚飾と欺瞞が日本を包み、共同体が誇る連帯感は姿を消し、ジャングルの掟《おきて》が社会を支配して、ゾンビが日本列島に跳梁《ちょうりょう》するので、私は『カキストクラシー』と題した、本を書かざるを得なかった。

＊　＊　＊　＊　＊

私の古い友人の一人に、紀州人の落合莞爾《かんじ》さんがいて、どんな形で出会ったかは記憶にないが、彼の著書の『金融ワンワールド』に、「水谷さんが連れてきた地質学者の藤原肇博士がある時、『ユダヤにはシオニストと国際派ユダヤがある』と口走ったのを聞き咎《とが》めて、国際派ユダヤ人とは何者か？　と尋ねると、『実はイギリスがそれだ』とだけ答えられました」とあるので、おそらく水谷さんが引き合わせたのだろう。

水谷民彦さんは日系アメリカ人で、ウエスチングハウスの副社長だし、ダイエーの中内切《いさお》社長の相談役をやり、米軍の諜《ちょう》報《ほう》関係の仕事をして、特派員クラブに良く顔を出したので、そこで知り合ったと思う。

また、落合さんの同著の中には、水谷さんについての記述に、「……母の名は確かイザベルで、先祖は東欧あたりと聞いたように思います。幼かった民彦を抱いた夫婦が、夫の国日本を訪ねたところ、思いがけず夫瀧蔵《たきぞう》が急死して、イザベルと民彦はそのまま日本に留まりました。日本人を父として米国で生まれたために、二重国籍になった水谷さんは、米軍に入隊して韓国に駐留して、インテリジェンス（諜報関係）に携わったそうです。学歴は南山大学及び、カーネギーメロン大学を出ていました」とあるので、プロの諜報マンだと思う。

私の中東やアフリカ体験では、多文化で技術関係者に、優秀な諜報関係者が多かったので、彼の肩書から推察して、一流のオフィサーだと思うが、落合さんのその後の話では、暗殺されたらしいとのことだ。また、落合さんは数学が非常に得意であり、彼は歴史についても該博で、話が弾むので良く会ったし、私は幾何学が大好きだから、経済問題についてよく議論した。

しかも、金融界の裏面にも精通して、興味深い洞察力を示すので、表の世界に出る人ではなかったが、対談を『ニューリーダー』に掲載したら、暫《しばら》くして『吉薗周三手記』(大正~昭和初期の諜者の記録)が、同誌に連載されて20年も続いた。また、『ニューリーダー』に掲載した記事は、『教科書では学べない超経済学』と題して、竹村健一が持つ太陽企画出版から、出版したが売れなかったらしい。

竹村は当時の売れっ子として、ベストセラーの著者だし、幾つもテレビ番組の司会者役で、メディアで大活躍中であり、なぜ知り合ったか記憶にないが、彼の番組には帰国の度に、出場して国際情勢を論じた。彼はフルブライト留学生で、渡米したがリクルートされ、米国から送り込まれて、日本のメディアで派手にやり、親米路線の旗振り役をしていた。

彼の動静を観察するために、番組に気易く出演してやり、偏向の訂正を試みたりしたが、ホステス役に小池百合子がいて、良くコーヒーを入れてくれ、雑談したことが懐かしい。彼女の学歴詐称事件では、マスコミで騒がれたが、40年前にそれを感じたので、中東一のアズハリ大学を使い、カイロ大学卒業について、疑問を投げかけたことがある。

＊　＊　＊　＊　＊

アラブ流の駆け引きで、脇の甘い日本人を誑《たぶら》かし、小池百合子はその後に出世して、都知事にまで登り詰めたが、ハッタリの化けの皮が剝《は》がれ、それを『ゾンビ政治の解体新書』の中に、次のようにレポートした。

「……小池百合子に初めて会ったのは、四半世紀以上も前だったが、その後タレント議員から大臣に出世し、更に彼女は東京都知事に選ばれ、安倍のクーデタの余波を受けて、『希望の党』を掲げる政党首になった。しかも、首相の座を狙おうとしているが、彼女には政治理念が欠落し、アラビア語と英語を喋る程度で、『人寄せパンダ』に過ぎないから、こうしたポピュリズムは悲劇を孕《はら》む。……」

彼女の父親についての噂や悪評は、中東諸国で良く耳にしたが、そんなことは知らぬ顔をして、竹村や小池百合子を相手にした私は、日本で進行していた状況を捉え、国内における情報探索の一助にした。

『さらば、暴政』の中に書いたが、父親の小池勇二郎に関しては、次のような形で彼の正体を報告している。

「……彼女の父親は勝共連合の支援で衆院選に出て、落選後に借金でカイロに夜逃げし、日本料理屋をやる傍ら、石油利権のブローカーとして悪名が高く、その関係で彼女はカイロ大学文学部に学んだ。……竹村健一がホスト役の〝竹村健一の世相を斬る〟というテレビ番組に招かれた私は、帰国の度に何回か出演したが、小池百合子は番組のホステス役で、番組前にコーヒーの接待を受け、私は彼女と何度か雑談をした。アズハリ大学はイスラム神学の最高学府であり、話のついでに『小池さんはアズハリ大学に行ったそうですね』とカマをかけたら、『藤原さんは何で中東のことに詳しいのですか』と唖然《あぜん》としていたのを思い出す。……

実は国士舘大学の空手部主将で、海外青年協力隊で渡航した、岡本秀樹がカイロに空手道場を開き、中東の警察や軍隊に教えており、彼はサムライとしてアラブ諸国で名高かった。私が岡本の名前を知ったのは、一九七〇年代の石油ブームの時代で、アドマ油田の買収劇の時に、アラブの王族の一人から聞いて、酷《ひど》いスキャンダルだと考え、それを『日本不沈の条件』(時事通信社)に書いた。

……BPが三分の二を支配するアブダビ・マリン・エリア(ADMA)の株を日本の財界グループが買った、一九七三年のいわゆるアドマ事件がそれである。BP所有株式の四五%を七億八〇〇〇万ドルで購入し、生産する石油と天然ガスの三〇%を取得する取り決めには、いろいろと問題があった。

第一は、当時九〇〇〇万ドルくらいの資産評価額のものを、BPはドイツの国営石油会社のデミネックスに、二億ドルで売ろうとして断られ、次に日本人に話をもちかけたら、何と帳簿価格の一〇倍近い、七億八〇〇〇万ドルで売れた。

……

この話には資源派財界人と右翼が、石油公団を動かして試みた、利権漁りの構図が組み込まれており、この話の仲介役に空手の岡本がいて、その使い走りとして小池勇二郎がいた。アラブ世界は石油利権を巡って、魑魅魍魎《ちみもうりょう》が横行していたので、石油政治を理解するため以外、私はアラブ諸国を訪れなかったが、闇商人が暗躍したピークは、湾岸戦争の前後の頃であった。

……三井物産が中心で取り組んだ、壮大な石油化学（ＩＪＰＣ）計画が、ホメイニ革命とイライラ戦争で破綻し、海部俊樹内閣時代のエジプトでは、三菱商事がプラント建設に取り組んでいた。数百億円単位のＯＤＡ資金が、砂漠の砂の中に吸い込まれて行き、援助資金の三割のリベートに、政治家やフィクサーが関与し、騙しと裏切りが横行したのは、アラブ世界での処世術でもある。

そんな世界で青年時代を過ごし、政治家に転身した小池百合子は、アラブ流の韜晦《とうかい》術を駆使すると、細川護熙《もりひろ》元熊本県知事が野党をまとめて、日本新党代表から首相となった時に、比例区で彼女は初当選した。一緒に日本新党に参加したのが、松下政経塾出身の若手政治家たちで、その中に野田佳彦や前原誠司がいて、ある意味で「トロイの木馬」仲間であり、政変好みの政治家に属していた。

……」

＊＊＊＊＊

だいぶ長い寄り道をしたが。落合莞爾さんの「落合秘史」は、雑誌の連載は四半世紀に亘《わた》っており、単行本は15冊を超える労作で、世間の注目を一身に集めて、「洛陽《らくよう》の紙価」を高めていた。『資治通鑑《しじつがん》』には及ばないが、博覧強記を武器に使いこなし、重厚な考証は敢闘賞もので、謎解きの醍醐味《だいごみ》も満たされ、歴史の相似象を楽しむ点では、「秘史シリーズ」は逸品である。

知的興奮を掻《か》き立てる点で、『三国志演義』や『八犬伝』に似て、時間を忘れて読み耽《ふけ》るタイプだが、論考の書としては詰めが甘く、思い込みが強い気配がある。だが、それは史観に由来するもので、大塔宮《おおとうのみや》政略を確信する著者は、『太平記』を歴史書だと信奉して、全体像を構成しているから、異説を排斥するのは仕方がないし、それが落合史観の魅力でもある。

落合秘録の底本の『吉薗周三手記』は、全体の3％が松本清張の手に渡り、遺作の

『神々の乱心』の冒頭で、「大連阿片事件」に関連して、ストリーが巧妙に展開されている。松本は小説家として物語を書いたが、落合は歴史考証の形で資料を読み解く。

落合は推論で行き詰る時に、必ず京都皇統の舎人《とねり》に連絡し、事の当否や解決策の示唆を受けて、論理展開の指針にしており、それは皇室が持つ情報力が、如何に凄いかを予想させる。また、謎めいた存在の京都皇統は、本書の舎人と重なる人物であるが、その記憶力は超絶的であり、博識を誇る落合莞爾に較べて、数百万倍の記憶容量を持ち、スパコン並みの能力を誇る。目をつむっていても何の苦労もなく、東大法学部を優等で卒業し、百科事典を丸暗記してしまう落合の記憶力は絶大だが、その超秀才の落合でさえ、舎人の記憶容量には目を見張って、嘆息するほど舎人は逸材である。

記憶は脳の海馬の機能で、先天性と後天性の差が、天才と秀才を区分するにしろ、エングラム細胞の成熟度は、常人における異常発達に、絶大な影響を及ぼすことは間違いない。これは脳科学の最先端領域で、茂木健一郎が『奇跡の脳の物語』で扱った、「サバン症候群」に近接した、ディジタル指向の脳機能として、インド人が優位性を誇るし、近代文明に整合するものである。それに対し古代巨石文明は、直観と無限に関わるのであり、藤井尚治《なおはる》博士が論じていた、『アナログという生き方』のような、ボルテックスと結ぶ世界である。

＊　＊　＊　＊　＊

謎の人である舎人を相手に、ここで公開した対話の一部は、テープから起こした原稿を基にして、第一編と第三編は書き起こしで、努力してまとめたものである。こんなスタイルで会話が進み、やり取りがあったことを示し、秘められた皇統の世界においては、何が起きてどう理解されて、ことが進んでいるかを感じ取るために、役に立つようにと工夫した。

だから、会話を忠実に再現する努力をしたが、特にこれだけはと思い、表記を避けた個所に関しては、伏字の代わりに……を使い、後世における復元作業に、役立つように配慮してある。そのために会話における、用語はそのまま再現して、分かり難い概念や言葉は、発言の後に註を付けて補い、対話の流れを崩さずに、理解しやすいように工夫した。

より詳しい解説については、百科事典や文献で調べて、独自の知識のネクサスの網を拡張し、より高い次元の理解を求め、ゲシュタルトへの精通を通じ、より深い満足を実現して欲しい

世に氾濫《はんらん》する書籍の多くは、表面的な現象の世界で、それはデータや情報のレベルに属すし、採用する表現の様式として、ステレオタイプと呼ばれる、分かり易いスタイルを持つ。自分の頭を使いこなし、考える努力を省略して、他人が知っている程度のことは、知っている「知」の段階で、自分では判断や評価をしない、義務教育のレベルに属している。

次のレベルに属すような本は、自ら考えて評価することが、内容に含むことを要求されていて、メタ情報と結びつくので、漢字では「識」という字を使い、インテリジェンスが機能する。総合雑誌や教養書の多くが、このレベルの満足を満たして来たが、日本では総合雑誌が絶滅し、教養書のレベルが低下し、プロトタイプに親しむ機会を失い、日本の現状は低迷状態だ。

高校で古典の『論語』を読めば、「学びて思わざれば則《すなわ》ち罔《くら》し、思いて学ばざれば

則ち殆《あやう》し」とあって、思考することが学問で、学ぶことの核心に自問が存在する。そして、深い理解には「理」と「解」があり、理解するには意味論が必要だが、曖昧《あいまい》さに美を感じるので、日本では意味論は好まれない。

苦労を厭《いと》う風潮が支配し、訓錬や修業が敬遠されて、切磋琢磨《せっさたくま》や鍛錬が死語になり、安易さとスピードが価値を持ち、努力を省く時代性のために、『虎の巻』がベストセラーになっている。だが、鍛錬や修業を抜きにして、手に入るものは「奥義」ではないし、本物を作るには時間が要り、最後に出会うのがアーキタイプで、そこにある宇宙意識は、悟りの境地に他ならない。悟りは買えるものではないから、人気や評判が支配する世界は、アーキタイプとは無縁だし、求めて探しても見つからないが、ポルタルがその入り口である。

＊　＊　＊　＊　＊

次元転換を考えていた時に、ポルタルという言葉に出会い、辞書には「正面玄関」や「端緒」だけだが、特殊な用語であるらしく、未だ普及していないと判った。そこで舎人との会話に、ポルタルを通過させれば、どんな旅路が始まるかと考え、その作業を通じ作品化して、２００３年4月から２００４年8月まで『財界にっぽん』に連載した（本書の第二編）。

当時は小泉政権が発足し、小泉の口から出まかせに、日本人は他愛なく誑《たぶら》かされて、熱狂して陶酔していたので、パームスプリングスの砂漠から、石英質の砂礫《されき》を2年近く送り続けた。ネオコンの口車に乗せられ、小泉が自衛隊をイラクの砂漠に派兵し、国内で自民党を壊す前に、日本の社会を壊す目的で、社会を護る秩序を突き崩して、労働環境と郵便制度を解体した。

覗《のぞ》き見趣味の日本のマスコミは、小泉劇の中に引き込まれ、茶番劇に拍手喝采を送り、愚民政治のお囃子《はやし》を流すし、それに煽《あお》られ国民は熱狂して、日本中がワグナー流の喧騒に包まれた。その光景は魔女が乱舞する、「ヴァルプルギスの夜」であり、『小泉純一郎と日本の病理』として、それを後で一書に纏めたが、その素描として試みた習作の形で、『財界にっぽん』に寄稿した「東京コンフィデンシャル１１０番」がある。

小泉の劇場政治に騙され、国民が考える力を失い、安手のポピュリズムに陶酔し、公的資産の私物化が、横行するのを許したので、日本はネオコンに食い荒らされた。そして、小泉が後継者に選んで、抜擢《ばってき》した無能な安倍により、議会政治は破壊されて、日本はゾンビ政治に毒され、亡国の淵《ふち》に落ち込んでいる。

舎人との会話は多岐に及び、時局についても論じたが、余りにも生々しかったから、削ぎに削いでも問題が残り、仕方なく精髄だけを抽出し、相手の姿を完全に消し去って見た。そして、得体の知れない対談相手として、高松守保《たかまつもりやす》なる人物を登場させたが、酒保《しゅほ》とは兵営内の売店であり、逆立ちした保守は酔っ払いで、鯨海酔侯《げいかいすいこう》(山内容堂)と高松宮を含ませた。

小泉は強姦容疑でロンドンに逃げ、精神異常で、松沢病院で診断を受けたと特派員から聞いたが、こんなサイコパスの札付きが、ゾンビ政治で食い荒らす現状に、一石を投じた遊び心もあった。だから、第二編に並ぶ18の章は、既に刺身料理になっていて、対談の持つ風味は消えており、必要に応じて【休憩室】の形で、会話が持っていた味わいを、それとなく添える工夫を施した。

註記：本書は最後の紙の本として、出版社で編集作業が進行中で、ゲラの第一稿が届くと共に、蔓延《まんえん》中だった武漢ウイルス騒動と、「オバマゲート事件」に関し、追加解説が欲しいとの要請があった。私は一次情報をヒントとして、読者の記者たちに提供し、彼らが調査報道を行い、問題提起をする方式を取る。だから、解説をするのは学者や評論家で、私の仕事ではないから断るが、緊急事態だから補遺として書き加えた。こうした極秘知識の公表は、命に係わることが多いので、普通は一般公開はしないが、例外的に危険を冒してみた。

するると、週明けに最終稿を送ると連絡がきた後は、編集者と音信不通状態が続き、メールも電話も繋がらなくなり、仕方なく電子版で出すことにした。だが、副題の「ヤナギムシコンスピラシー」が、読者に大きな謎として残ると気づき、藤原定家の詩境に踏み入り、貴族文化の「古今和歌」の時代と、武家文化の「新古今和歌」の間に、戦乱や天変地異があって、世相に大変化が生じていた。また、2020年の早春は大転換期で、新型コロナウイルスの蔓延により、世界経済が激震に襲われたために、予想もしなかった事態に見舞われた。そのために補注として付け加えたものに、表には出ないタイプの情報が、付け加えられることになったので、「むすんでひらいての謎」の序文と共に、この緊急事態の意味を味わられたい。

「オバマゲート事件」を見ても分かるが、交信の盗聴とフェーク工作を始め、言論弾圧が横行している。そして、「超限戦工作」の一環として、肝心な情報は隠蔽《いんぺい》や削除が行われ、錯乱用の情報だけが氾濫する時でもあり、唯一の保存メディアが電子版だと理解して、自らの頭で全体像を描いて欲しい。

第一編

京都皇統による秘密の伝授その1

第一章　『高松宮日記』をめぐる有象無象《うぞうむぞう》の策謀

舎人　高松宮（1905～1987）の奥さんの喜久子《きくこ》さんは、水戸家の徳川の七男坊の慶喜の孫で、一ツ橋慶喜《よしのぶ》と会津の松平容保《まつだいらかたもり》は共に、岐阜の高須藩から出ています。高須藩から次男が尾張藩の徳川慶勝として、七男の松平容保が会津藩に、九男が桑名藩に松平定慶として養子に入り、「一会桑体制」で幕末の京都を警備した。

この人脈構成の要に位置するのが、高松宮喜久子さんであり、彼女は今年（註：2002年の時点）で92歳でして、この人が去年の暮れに、ある事件に遭遇したのです。高松宮は1987（S62）年に亡くなったが、その昔に遡《さかのぼ》ると敗戦直後の日本は、経済でしか生き残る道がなく、光宮《てるのみや》（高松宮）の光と高輪の輪で、お住まいを光輪閣と名付けて、光輪クラブを作りました。

また、現在の済生会病院の前身で、全国展開の済生会を使い、高松さんが戦後復興のために、厚生省が中心に再編成を試みたが、そのために走り回ったのが叔父で、高松宮の諜報員として働いていた。もう一人が細川護貞《もりさだ》であり、これが「東条英機暗殺計画」では、高松さんにいろいろ相談していた。

その原因は御殿場で療養していた、秩父宮《ちちぶのみや》に東条が憲兵を付けて、人々の出入りをチェックしたので、それに対しての護貞の私憤があり、私憤を公憤に持って行ったが、計画は不都合が重なり中止した。

藤原　吉松安弘の『東條英機　暗殺の夏』は、素晴らしいドキュメントでした。

註1：参考資料

戦局の悪化が著しくなって、破滅への危惧《きぐ》が盛り上がり、海軍は強い危機感に支配され、1944年5月初めの段階で、東條英機暗殺計画が持ち上がり、高木惣吉海軍少将、神重徳大佐、三上卓元海軍中尉らが、決行の日を7月14日に設定した。同じ頃に陸軍でも計画があり、参謀の津野田知重少佐が中心で、決行日を7月25日と仮決定し、東條英機が乗った車を襲撃して、手榴弾を投げる予定だった。

計画は三笠宮や秩父宮にも繋がれ、内諾を得ていたのだが、陸軍は東條英機の勢力圏だったので、情報が漏れ津野田は検挙されて、暗殺計画は不発で終わった。だが、『三笠宮と東条英機暗殺計画』と題した、大衆向けの新書判の本のせいで、東條首相暗殺計画の主体が、陸軍だったという印象を与え、それが国内に蔓延しているのである。

舎人　それでも敗戦後の復興を考えて、1944（S19）年に再起資金を纏めようとして、済生会の組織を編成し直し、戦争が終わると同時に、行政会議で貿易庁を作り、これを商工省から通産省に併合した。また、地上3階地下1階で、延べ871坪の光輪閣を使って、東京裁判の判事や検事を始め、外国の経済ミッションの委員や、GHQの高官たちを招待し、ここで大規模な接待を行った。

註2：参考資料

済生会は1911（M44）年に設立し、明治天皇が医療によって、生活困窮者を救済するために、下賜した基金で活動し、日本全土に病院や厚生施設を持つ。そして、

●生活困窮者を済《すく》う

●医療で地域の生《いのち》を守る、

●医療と福祉、

の各分野において、切れ目のないサービスを提供する、皇室が関与する福祉団体である。

藤原　外務省が機能停止に陥り、終戦連絡事務局になったので、その代わりの皇室外交をやったのですね。

註3：参考資料

敗戦で外務省が機能マヒに陥り、占領軍（GHQ）との折衝窓口として、幕末の外交交渉と同じように、重要な機能は横浜にあり、横浜終戦連絡事務局が担当した。終戦連絡事務局は敗戦に伴い、占領軍との折衝を担当するために、8月26日に終戦連絡事務局

官制により、設置された政府機関のこと。

舎人　その時の世話役が渋沢敬三（日銀総裁や大蔵大臣）で、渋沢が民間から引っ張って来たのが、当時の経団連会長の石川一郎を始め、日本興業銀行の総裁や大蔵のOBなどで、貿易庁の仕事が終わった時に、光輪クラブを作ったのです。光輪クラブには法人70社を集め、そこには東芝や日本光学が入り、中で一番活躍したのが西ではなく、巨額の皇室財産を預かる東本願寺でした。

後になると松下電器やホンダが加わり、会員は100社以上に増えるが、こうした事業の資料が蔵の中に収納され、その蔵を1993（H5）年に別件のために、石塚御用掛が蔵の中を整理したら、高松さんの日記が20冊ほど出て来た。

註4：参考資料

戦前の皇室財産は膨大であり、日本の国土やGDPの二割を超え、世界の王室の中で遜色《そんしょく》のない財産を持ち、日本における最大の地主だった。吉田祐二は『天皇財閥』において、「……日本最大の財閥である、三菱財閥、三井財閥を、さらに数倍上回る規模の財閥が存在した。それが『天皇を中心とする、天皇家が支配する財閥』、略して『天皇財閥』である。天皇財閥とは、天皇家を財閥家族とし、宮内省を本社機構に持ち、その傘下には、日本銀行や横浜正金銀行、南満州鉄道株式会社（通称「満鉄」）、日本郵船と言った、日本を代表する『国策企業』群を有する大企業群である。（天皇家＝宮内省）を中核とする天皇財閥は、これらの大企業家たちを、株式を通じて支配した。ゆえに戦前の天皇は、立憲君主であると共に、戦争時の大元帥であり、さらに財閥総帥であったことになる」と書いている。

さらに、英国の王立国際問題研究所の『資料・日本占領』には、「……宮内省は事実上、資本主義的な企業体であり、広大な森林や莫大な財産の他に、東京の帝国ホテルから、八幡製鉄所に至るまで、日本の企業に対する多額な、投資財産を管理している」と指摘している。

藤原　それが『高松宮日記』だったのですね。

舎人　そうです。初めは喜久子さんは、暗号みたいなものだから、普通の人には何だか分からないと考えて、先ず彼女が数回ほど読んで、これは大変だということになりました。高松さんは軍人として、「戦争で民が死んで行くのに、皇族が死なないのはおかしい」と言う人だった。

だが、兄貴の天皇からの手紙などもあり、中には公開できない書類も、たくさん含まれていたが、公開できるものは公開すべきだという、信念を抱いていた喜久子さんは、１９９３（Ｈ５）年の秋の段階で、靖国神社の松平永芳《ながよし》宮司に相談したら、松平は「とんでもない、燃やせ」と言った。喜久子さんは松平を信用できないし、とても相手に出来ないと思って、高松宮と海軍大学の同期だった、大井篤《あつし》（51期海軍大佐）と豊田隈雄《とよだくまお》（海軍大佐）を呼んで、晩飯を食べさせて相談したのです。

当時の大井は天皇紀の編集をやり、この日記にあまり関心を示さずに、タダ飯を食って帰ってしまったので、喜久子さんはガッカリしてしまった。その後で宮内庁に持って行き、当時の藤森昭一長官に見せたら、「公開などとんでもない」とけんもホロロだった。

藤原 宮内庁は伝統主義で頑迷だから、新事実を嫌悪するでしょうね。

舎人 そこで喜久子さんは大井一人に焦点を絞り、「貴方は天皇の事績を纏めているが、昭和天皇からこんな書簡が来ている」と手紙を見せたら、途端に大井の目の色が変わり、「これは国宝第一級だ」ということで、大井は真剣になって彼女に教わって読み進み、これは公開しなければということになった。だが、大井は91歳だったから、若い者に手伝わせなければならないということで、阿川弘之を加えることにした。

その後で鎌倉節《さだめ》宮内庁次長が、一部でも見せて欲しいと頼んだので見せてやったら、何が何でも焼却して欲しいと言われた。そこで喜久子さんは覚悟を決めて、宮内庁は相手にしないことにし、大井も「何をこの野郎」と怒り、喜久子さんは自分の責任で出すことに決め、細川護貞を編集委員の代表に据えた。

出版については嶋中鵬二に繋ぎ、中央公論社が名誉なことだと受けたが、1994

（H６）年に大井が殺されたし、１９９５（H７）年には豊田も殺されて、１９９７（H９）年に最終稿が出来上がったけれど、彼らは出版を見ることもなく亡くなり、こうして『高松宮日記』は出版になりました。

【休憩室その１】

敗戦直後の動きに関しては、解明されるべき謎が多く残り、次の世代の考証に期待したいが、『高松宮日記』は鍵の一つだのに、菊のカーテンの帳《とばり》は閉ざされ、秘密が秘密として守られている。「NHKスペシャル」の「高松宮日記」は、余りにも手が加えられて、資料である日記の記述が、中心になって構成され、背景としての歴史の動きに、目配りがなされていない。

しかも、編集作業を手伝った阿川弘之が書いた、『高松宮と海軍』の記述は、阿川節の枠内のものであり、行間として読めるものがない。高松宮喜久子さんが書いた、『菊と葵のものがたり』の方が雰囲気として、舎人の話に近いように思える。

第二章　皇室を支える門跡寺の構造の複雑怪奇

舎人　それまでは伏見宮、有栖川宮《ありすがわのみや》、桂宮《かつらのみや》、閑院宮の四親王宮家だけで、徳川幕府はそれ以上は許さなかったが、1863（文久3）年に中川宮を作り、翌年（1864年）に梨本宮《なしもとのみや》家を付け加えて、親王家が六家になるのです。中川宮も梨本宮も伏見宮邦家《くにいえ》の兄弟だが、歴史の系図上では子供になっていて、繋がり方が良く分からないのは、兄弟が実子になっているせいです。

註1：参考資料

世襲親王家は鎌倉時代に生まれ、親王の身分を世襲する家のことで、目的は安定的な皇位継承のためである。親王は天皇の兄弟や皇子を指すが、親王になれなかった者は臣籍降下し、出家したり摂関家の養子になった。これが南北朝問題を引き起こしたが、江戸時代には世襲親王家の継承者は、天皇や上皇の猶子（養子）になってから、親王宣下を受け宮家を継承した。

四親王家のうちで最も古いのが伏見宮家で、伏見宮家は室町時代に花園天皇が即位し、皇統断絶を防いでいる。世襲親王家の制度は１８８９年に廃止になり、皇族の養子制度を中止したので、継承者のいない親王家は廃絶した。

舎人　だから辻褄《つじつま》が合わなくなるし、中川宮朝彦は魔王と言われて、色んな具合に名前を変えており、１８３８年に仁孝天皇の猶子となり、その2年後の１８４０年には、奈良の興福寺の塔頭《たっちゅう》である、一乗院の門主となっている。しかも、その後に久邇宮《くにのみや》朝彦親王は、粟田口《あわたぐち》の青蓮院《しょうれんいん》の門主となり、粟田宮とか青蓮院宮と呼ばれ、青蓮院の門跡から天台座主《ざす》になり、幕末の政治にいろんな形で関与したのです。

藤原　知恩院の隣の青蓮院ですか。それにしても天皇や宮家の名前は、やたらに変わるから覚えられず、誰が誰だか見当がつかなくなる。

舎人　久邇宮が門跡を継いでいて、門跡寺19寺がどう動くことで、隠然とした力を蓄えたかに関して、解明されていない謎が数多くある。一番の問題点は准門跡寺《じゅんもんぜきじ》のことで、これは真宗の六寺であり、本山は西本願寺であるが、東本願寺、興正寺、仏光寺、錦織寺《きんしょくじ》、専修寺で、これが天皇家に紛れ込み、子作りに関係して行くのです。だから、真宗を大谷で見ると分からなくなり、東本願寺は家康が寺領をやると言ったら、門主が要らないと答えたので、寺領を全く保有していないのです。だが、東本願寺はバブル前に30兆円持っていて、これは天皇家からの預かり金だのに、それを投資で失敗してしまった。

藤原　物凄い資金を失ったのですね。

舎人　だから、親王門跡の19門跡寺のうちで真言宗が6ヶ寺、天台宗金剛派の門跡が五寺で、天台宗山門派が4ヶ寺あり、天台宗寿門派が4ヶ寺だし、法相宗が2ヶ寺あったのだが、維新後になくなってしまい、浄土宗は1つだが知恩院です。

藤原　門跡寺は天皇家を支える、天領みたいなものであり、確か仁和寺が最高位だと聞きますが……。

註2：参考資料

皇族が住職を務める寺を門跡寺と言い、室町幕府は門跡奉行を作り、江戸幕府は更に細かく格付けをして、宮門跡、摂家門跡、精華《せいが》門跡、武家門跡、准門跡と分けた。また、法親王《ほっしんのう》が住職をする寺を13に限り、親王門跡と名付けて、東叡山（寛永寺）輪王寺、日光山輪王寺、仁和寺、大覚寺、妙法院、青蓮院、聖護院、三千院、照高院、萬殊院、毘《び》沙門堂《しゃもんどう》、円満院、勧修寺《かじゅうじ》、知恩院に決め、筆頭の輪王寺、仁和寺、大覚寺の三寺は、親王だけに限定した。天皇家を継承するのは一人だけで、後は親王として僧籍に入るのであり、冠婚葬祭の費用を門跡寺が負担した。

舎人　だから、複雑極まりない仕組みで、ここを隠し場所として活用し、入ったり出たりする操作を使い、実子、養子、猶子という具合に使い分ける。そして、五摂家、精華家などに属す、三位以上の関白や大臣家を含め、殿上人《てんじょうびと》を公家と呼んでいるので、それ以下の昇殿できない地下《じげ》と分け、公家の名は武家に対して使いました。

註3：参考資料
摂政は幼帝に代わって政祭を執り行うが、関白は成人した天皇を補佐し、最側近としての役割を果たす令外官である。聖徳太子は女帝の摂政を務め、豊臣秀吉は関白になっている。

舎人　それは家元と同じであるし、霞が関の官僚システムの原型で、許可証を発行してその上がりが、収入の基になっているのです。

藤原　家元制度の原型ですか。

舎人　跡継ぎになれない者を選び、親王家が門跡寺に入れるのは、収入に関係することが理由です。四親王家は自分の所で生まれた子供で、相続者以外を門跡寺に入れるなら、寺は年間100石とか300石を上納し、それで皇室経済が動いて来ました。実子と養子と猶子があることは、ぼくも最近になって分かったが、実子が実は養子を指していて、その辺は判り難くなっています。

藤原　実に判り難いですね。

舎人　しかも、実子は実態が養子を指したりするし、猶子のように契約上の婿もあり、血縁に無関係な家系つくりもあって、意味がはっきりしないケースも多い。それが日本の歴史を複雑なものにしており、従来の歴史が混乱した原因で、それが分からないと、南北問題も錯綜《さくそう》として、謎が謎として残ることになります。

藤原　ヨーロッパの王家も継承では、紛争や戦争まで起きていますね。

舎人　四親王家では生まれた子供の中で、天皇を相続する者以外は門跡に出し、門跡寺は年間に数百石の上納があるから、それで皇室経済は潤ってきました。

【休憩室その2】

皇室は天平時代から仏教に帰依し、平安時代に建立された泉涌寺《せんにゅう》が菩提寺《ぼだいじ》で、弘法大師が設けた法輪寺が、泉涌寺の源流だと言われ、天皇家の祈願寺になっている。江戸時代になるとより固定化し、後水尾天皇から孝明天皇まで、天皇と皇后の陵は総てこの寺に作られ、泉涌寺が「御寺」と呼ばれた。

だが、幕末の後で開国した日本は、欧米諸国に肩を並べるために、西欧列強がキリスト教国家だから、それを手本に国家神道を作り、そこに天皇制を強引に結び付けた。その遠因は水戸学派であり、『大日本史』を編纂する過程で、徳川光圀《みつくに》の持つ危機感から、幕末期に近づくに従って、過激な尊王攘夷《じょうい》に支配され、宗教的な憑依《ひょうい》現象の形で、廃仏毀釈《はいぶつきしゃく》運動と結びついた。

日本には縄文時代の頃から、自然崇拝による習俗の形で、古神道という信仰が存在しており、住民は自然の恵みを感謝し、天変地異を畏怖《いふ》しながら、共同体の氏神を讃えて祭儀を行った。

だから、月日の運行や四季の移行は、素朴な気持ちで自然の営みとして、感謝の心を表明する時に、岩や木で構成する山体を拝み、その前面に社を建築した。これは古代巨石文明の名残で、そこに神話が生れ「風土記」の形で、伝承が口伝の形で引き継がれた。

そうして生まれたものが、ギルガメッシュ叙事詩やエジプト神話で、ギリシア神話や『聖書』もその仲間だし、『イリアス』や『古事記』なども、そうした伝承の物語である。それに対して権力者たちが、自己の正統性の主張のために、歴史の名の下に文書を纏め、それに属す『史記』や『日本書紀』は、意図的に自分の正当性を主張することにより、作り出された文書に属している。

そうした議論は他に任せ、ここでは幕末期の日本で、何が起きたかの問題に注目し、国民国家という時代性が、文明開化に至る日本に、与えた影響の凄まじさを展望してみたい。

世界史的な視野で捉えるなら、ナポレオン戦争後のウィーン体制下で、産業革命の影響を受けて、１８４８年の『共産党宣言』と共に、ヨーロッパでは人民蜂起《ほうき》が、民族主義と共に拡散して、ドイツやイタリアの統一を通じ、ブルジョワの世紀を生んだ。しかも、それはヨーロッパを超えて、クリミア戦争を勃発《ぼっぱつ》させ、南北戦争がアメリカを席巻し、アヘン戦争に続いて日本では、幕末を迎え尊王攘夷の熱狂が、廃仏毀釈とテロ活動に続き、鳥羽伏見戦争になり慌ただしかった。

こうして迎えた文明開化は、植民主義から身を守るために、日本を結束力で固める意図に基づいて、宗教国家的な国造りをして、列強に抵抗することを考え、新興宗教の導入を計った、国学者や策謀家集団がいた。それが門跡寺の青蓮院に集まり、京都学習院を砦《とりで》にして、文久テロを演出した志士と、それに結託した天皇制国家における国民教化政策や、その国家体制の思想的支柱をなした、「国家」観念などのうえには、この水戸学の顕著な影響が認められる。

「京都学習院」に集まって、尊王攘夷の密議を図ったり、廃仏毀釈や公武合体を練った顔ぶれには、思いがけない人間がいたし、彼らが明治政府の基礎作りをしたと舎人はいう。その中にいる主な顔ぶれには、桂小五郎、中山忠能《ただやす》、岩倉具視《ともみ》、吉田松陰、高杉晋作、矢野玄道、伊達（陸奥）宗光、平野国臣、福羽美静《ふくばびせい》、光岡八郎、久坂玄瑞《くさかげんずい》、玉松操などがいたらしい。

幕末の歴史に登場するので、知っている名前が多い点では、シカゴ大学やコロンビア大学に似て、関係出身者の名簿を見る感じがする。両校は共に米国の名門校だが、オーストリアと英国と密着した関係を持ち、その背後には王室が控えている。

第三章　ハープ（HAARP）の威力を知る皇室の情報力

舎人　南北朝問題を解明するために、いま改めて自分の体験と文献から、納得の行くようにまとめており、今までの公開文書も調べています。これまで先生から歴史の問題について、色々とご指導を受けて来ましたが、今日明日に関わる問題としては、明日の話として今様（天皇）夫妻が、東欧四か国に行く予定（2002年7月6日〜20日）になっています。

先生はこちらに居なくて、外国に住んでいるので、日本のことは御存じないのは当然ですが、東欧四か国に出発することになっています。7月6日が出発日だから、7月2日には「行って参ります」の神儀の儀式をやるはずだが、この儀式が維新以来、初めて取り止めになったのです。

藤原　維新以来というと百数十年ぶりですね。

舎人　そうです。それと共にドラヤキ（宮中の隠語）が、聖路加病院のＩＣＵに入院しました。

註1：参考資料

ドラヤキは宮中の隠語では、三笠宮（1915～2016）のことを指しており、なぜ、そうした言葉が使われるかと言えば、昭和、秩父、高松の三人は、明治天皇睦仁《むつひと》の系列だが、三笠は違うという説があり、若杉参謀がなぜ終戦と共に、オリエント学者に変貌《へんぼう》して、ヘブライ語に堪能《たんのう》かにつき、取り沙汰された謎がある。また、三笠宮に関しての都市伝説に、宮中作家の河原敏明が唱えた、山本静山門跡が三笠と、双子だったとの説もある。

だが、高松宮と三笠宮の間には、十歳も年齢差がある上に、出生に関しては謎が多いが、宮中では出自問題はタブーで、誰も触れたがらないのが伝統である。

藤原　ドラヤキというと三笠宮に、緊急事態が起きているのですか。

舎人　そうです。今日おそらく何が起きたかが分かるでしょう。だから、宮中としては大きな問題が起きているし、宮内庁としては咳と発熱というにしろ、今様夫妻としては、旅行に行きたくないのです。

藤原　どうしてですか。

舎人　実は7月2日に、ロシアから飛んできた飛行機と、ドイツの飛行機がスイスに近い所で墜落したでしょう。そして、今様夫妻は自分たちが狙われている、と気にしているのです。

註2：参考資料

●空中衝突し2機墜落　独南西部で約70人死亡

【ユーバリンゲン（ドイツ南西部）2日共同＝高橋秀次】ドイツ南西部バーデン・ビュルテンベルク州のスイス国境付近上空で一日午後十一時四十分（日本時間二日午前六時四十分）ごろ、ロシア・バシキリアン航空のモスクワ発バルセロナ行きツポレフ154旅客機と、国際航空貨物大手DHLのバーレーン発ブリュッセル行きボーイング757貨物機が空中衝突し、ボーデン湖北側のユーバリンゲン付近に墜落した。

ドイツのDPA通信によると、ツポレフ機の乗客乗員は六十九人で、貨物機の乗員二人を合わせ七十一人全員が死亡した。同機の乗客乗員数については、九十七人との情報もある。地元警察は二日未明までに十一人の遺体を収容したとしている。

ツポレフ機はチャーター機。

AP通信によると、乗客乗員は全員がロシア国籍。ロイター通信は、乗客の大半は子供だと伝えた。一方、英BBC放送はロシア当局筋の話として、ツポレフ機がバルセロナから、モスクワに向かっていたとしている。

地元テレビの報道によると、両機は高度約一万二千メートルで衝突し、残がいが火の玉となって、ユーバリンゲン付近の約三十キロにわたって落下。学校や住宅などが炎上した。地上で巻き添えになった、被害者に関する情報は伝えられていない。衝突の原因や詳しい状況は不明だが、地元州政府当局者は、ツポレフ機が管制官の指示に従わなかったため、ボーイング機と衝突したとの見方を示した。

同当局者によると、管制官はツポレフ機に高度を下げるよう指示したが、同機から応答がなかった。ボーイング機は衝突回避を試みたが、間に合わずに空中衝突したという。墜落現場はスイスとの国境に接する、ボーデン湖に近い丘陵地帯で、衝突のあった空域はドイツとスイスの管制空域の境界。ＡＰ通信によると、事故当時は両機ともスイスの航空管制下にあった。（ロイター）

●〈航空機衝突〉「巨大なせん光見た」現場周辺に遺体散乱

真っ暗な夜空を焦がす巨大な火の玉、広い範囲にわたって散乱する航空機の残がい――。１日深夜、ドイツ南西部で起きた旅客機と貨物機の空中衝突・墜落事故。サッカー・ワールドカップ（Ｗ杯）で準優勝した代表チームが帰国し、喜びに沸いたばかりのドイツ国内は一転、衝撃に包まれた。ボーデン湖畔の閑静な保養地では夜を徹して捜索活動が続けられた。

「すべてを照らす巨大なせん光を見た」「大きな音がして、空から何かが降ってきた」。ロイター通信などによると、現場近くの住民は地元テレビ局に対し、事故の瞬間をこう語った。地元の警察無線は遺体が散乱していると繰り返し報告しているという。地元警察によると、事故発生直後、ボーデン湖近くのユーバリンゲンを中心に、30～40キロの範囲で墜落機の破片が降り注いだ。近くの住宅地や学校で火災が発生した模様で、ＡＰ通信によると多数の住民らが警察署に避難しているという。静かなボーデン湖近くの住宅街は、一転騒然としている。地元テレビは、バラバラになって地上で炎上する機体を映し出し、消防車や救急車が走り回る様子を伝えている。事故現場一帯は立ち入り禁止措置が取られ、暗視装置を搭載したヘリが、事故現場上空で生存者の捜索に当たっているという。

空中衝突後に2機が墜落したユーバリンゲンは、スイス国境にまたがるボーデン湖畔の観光都市。ハイキング客が多く訪れる。第二次大戦前にドイツ航空機産業の中心地だった、フリードリヒスハーフェン市にも近い。同市には飛行船・ツェッペリン号を記念した博物館もある。

舎人　何でそんなことが分かるかというと、お二人はアラスカのことを知っているのです。アラスカのオーロラ爆撃のことを知っていて、今は地上波と宇宙波がノイズで交信が切れ、それが原因で飛行機の墜落事故が頻発しています。

藤原　ハープ（ＨＡＡＲＰ）兵器が動いているのですね。

註３：参考資料
『ＨＡＡＲＰ』は電離層を操作して、電磁場の力で敵軍のシステムを妨害し、地震や気象に大変化を及ぼすことで、国全体を機能不全に陥らせる能力を持つ。電離層への干渉は制御不能であり、レーガン大統領が推進した、「スターウォーズ計画」の主役として、

最先端の電磁兵器だと言われている。ニコラ・テスラの研究による技術は、フリーエネルギーとして期待する科学者もいる。

舎人　そうです。また、中華民国の飛行機が、東シナ海で空中で四つに分解して、落ちているのです。

藤原　桃園空港に入る飛行機で、その航空事故は覚えています。

註４：参考資料

チャイナエアライン６１１便空中分解事故

（チャイナエアライン６１１便空中分解事故）とは、２００２年5月25日に中正国際空港（現台湾桃園国際空港）から、香港国際空港へ向かっていた、チャイナエアラインのボーイング７４７－２００Ｂ（機体記号Ｂ－１８２５５）が、台湾海峡上空を巡航中に空中分解し、海上に墜落した航空事故である。事故原因は機体スキン（外皮）の不完全な修理のために起きた金属疲労により、破壊が生じたというものであった。

舎人　それに加えて、気象でも変事が起きていて、今年は既に台風が幾つも発生して、皆太平洋側に流れないで、東シナ海から日本海の側に、飛ばされてしまうはずです。それくらい、気象のコントロールが出来るようになってきました。

藤原　技術の発達には目覚ましいものがあり、一般社会の認識がそれに追いつかない状態ですね。

舎人　その政治スケジュールと、今回の韓国でのバカ騒ぎに、お宮代表として高円宮《たかまどのみや》が訪韓しているが、これには裏がいろいろとありまして、先生の『オリンピアン幻想』の世界そのものです。しかも、それもお見合い形式ではなく、勢力分布を明らかにしたら、南北問題が絡んでいるのです。それくらいこの国は追い込まれているのです。

註5：参考資料

2002（H14）年には、サッカー・ワールドカップ日韓大会が開催された。5月末に夫妻で大韓民国を公式訪問し、開会式にも出席した。皇族の大韓民国訪問は、公式訪問としては高円宮が、第二次世界大戦後初である（それ以前には、秩父宮妃勢津子、高松宮宣仁親王、同妃喜久子、三笠宮崇仁親王、同妃百合子、寛仁親王が韓国を訪問したことがあるが、公式訪問ではない）。開催期間中19試合を観戦した。このようにサッカー関連の公務へ精力的に取り組まれ、壮年の皇族としての活動が期待されるなか、同年11月21日、カナダ大使館にてスカッシュの練習を行っていた最中に、心室細動による心不全で倒れた。直ちに慶應義塾大学病院に搬送されるも、既に心肺停止の状態であり、蘇生措置がとられ一時は心拍が確認されたが、夜半になって容態が悪化。久子妃の同意を得て人工心肺装置を取り外したところ、生命反応がなく、薨去《こうきょ》が確認された。

舎人　世界観は先生の専門領域だからさておき、今ではワンワールドでもって、統治権と統帥権がはっきりして、統治権が統帥権に対しては、それなりの経済補塡をしてきたから、統帥権の方も統治権に対し、まあ満足していました。統治権が用いていた資金の方は、世界の王様のものだから、王族の所有権を彼らが、管理運用権で賄い運用してきたが、ここに来て損失が余りにも多くなり、補塡しきれなくなって、「飛ばし」始めたのです。

註6：参考資料
飛ばしは保有している株式や債券が値下がりし、含み損がバランスシートに載るのを嫌い、決算期の異なる企業を相手に、後日の引き取りを条件に時価よりも、高い値段で売却することを指す、粉飾決算の一種の詐欺商法である。損失の出ている有価証券を買い戻し条件付きで、時価とかけ離れた値段で、第三者に転売することをいう。１９９０年代の証券業界で使われ、日本の証券会社や銀行がのめり込み、金融不況の原因になった。

藤原　「飛ばし」こそが破綻《はたん》の隠蔽《いんぺい》です。

舎人　「飛ばし」が所有財産を減らしてしまい、そこで統治権であるワンワールド政府を通じ、彼らに管理権と運用権を与えて、統帥権を宥《なだ》めるやり方が機能しなくなりました。

藤原　統治権は国民国家として政府が持ち、それが形の上で国民に与えられているのが、近代という時代の基本構造です。

舎人　だからといって、世界中が民主化だからどうしようもなく、カネに関しては統治権に任せるのを止め、産業構造やマーケットの資金は、どうでもいいということで、そんなものは凍結してしまい、王族が取り戻そうと決まった。しかも、その中心に位置しているのが今様と東です。

藤原　そうですか。

舎人　ここに来て、この前のことだが、新札ではなく流通している古札で、処分間近の札を日銀の金庫から、箱根に１２００億円ほど運びだして、どうしたら良いかについて検討した。だが、それをやり遂げるには、相当の人間を消す必要があるので、ドラヤキを箱根に連れてきて、自白剤を飲ませて吐かせ、日銀の内部について調べたのです。

日銀をここまで引っ張って来て、世界レベルの仕事をしたのは正田巖であり、彼は昼の仕事ではなく月銀の形で、ＮＹやロンドンの時間に合わせて仕切っていた。また、１９９０年代の金融危機の時は、預金保険機構や各種の諮問会議を使い、日本の富を海外に流出させ、経済の弱体化を通じて自民党左派を潰して、小渕首相の死後は一瀉《いっしゃ》千里《せんり》です。

東の結婚は8年前の１９９３（Ｈ５）年であり、結婚3年目の１９９６（Ｈ８）年に、実は宮中で大事件が起きたのだが、金融危機の余波に覆われ、それが小渕殺しにと結びついた。

この小渕の死が時代の潮目で、森に続いた小泉が登場して、自民党総裁候補の加藤紘一や、井上裕参議院議長とか鈴木宗男を始末し、厄介な邪魔者を片付けたので、後は人間がいないために、やりたい放題が続いたのです。

藤原　自公体制などは無くなった方が、日本国民のためになります。

舎人　そうでしょう。検察を手なずけて君臨を果たし、得意になった小泉は今様に媚《こび》を振りまくと共に、自由に振舞わせてくれれば、私は何でも言うことを聞くという形で、小泉劇場では大芝居を開始した。霞が関全体の骨抜きを狙うことで、抵抗する者が消えて清算されれば、総て御破算ですっきりします。

それでも一番厄介なのが外務省で、ワールドレベルでは中身がないが、連中は情報を一番持っていても、分析能力がないから現状が分からず、言われたことしかやりません。今回の通常国会では、何一つ機能しなかったし、小泉劇場になり果てているために、役人が作った予算まで、その使い道には干渉がついて、新しい法案は総て潰されました。

今年度の通常国会において、政府の法案提出は無意味になり、重要な閣僚会議でさえも、金融分野で日銀総裁や財務大臣が、出席しても無意味に等しく、日本の産業界は全部アウトで、他の先進国から相手にされていません。

註７：参考資料

小泉劇場とは狂騒曲を使い、独自のスタイルを押し出して、政策を賛成か反対に単純化し、権力者の人気を煽《あお》る演出を試みて話題を作り、国民を陶酔させる手口で、政治を身近に感じさせ、楽しませた小泉流の政治手法。重要問題を国民の視野の外に置き、考えないで興奮するだけの状態で、政治の流れの中に巻き込み、愚民政策を推進したものとして、テレビを活用して日本を狂わせた、小泉純一郎首相が好んだ手口である。

藤原　小泉がばら撒《ま》く幻覚に酔い、日本の駄目さ加減に気づかないのです。

舎人　具体的には、諮問機関の総合規制改革会議が、派遣労働者を大幅に自由化して、労働環境を崩壊させたので、防衛などの統帥権以外は、国家の大問題の扱いが9月以降になった。それまでに外国が日本に乗り込み、したい放題をしても何もできないから、どうしようもないことになってしまう。

（2004年）8月に江沢民体制が終わって、中国に新政権が生まれるのに、小泉政権は媚び諂《へつら》うだけです。日本は何の準備もしていないまま、9月までは空き家同然で、小泉劇場に熱を上げているから、この秋に何が起きても不思議ではない。

藤原　インフォメーションしか分からず、インテリジェンスがないから、世界の動きが全く理解できず、時代に取り残されているのです。

舎人　政府がダメなのはその通りで、それに反し確信が取れたのは、皇室がとる情報は半端ではなく、凄いものがあるということです。だから、ぼくが先生の本を東に届けたり、先生がNYの大学総長会で発表した論文も、手渡した時に驚いたことは、彼が既に読んでいたことです。どの筋から入手したかは見当がつくが、先生のインテリジェンスを彼らは知っていて、それだけ情報を持っているのです。
　しかも、先生の論文は彼らとして裏が取りやすく、裏が取れることを書いてあるから、後は裏取りをするだけであり、その資金は幾らでも使えます。だから、深い教養と広い視野を持つ若者が、使命感と志を身に着けて、新時代の問題意識と情報感覚を生かし、退嬰《たいえい》的な今の日本に風穴を開け、希望に満ちた未来社会を作るために、やる気を出せば日本は良くなります。

藤原　長い不況で閉塞感《へいそくかん》が支配するが、地球規模で情報革命が進むので、「井の中の蛙《かわず》」の壁を突き破るには、ビジョンと使命感が決め手です。

舎人　だが、日本人は「坂の上の雲」を見ずに、昔はもっとマシだったと思い込み、状況をより良くする努力より、手っ取り早い成果を追いかけて、地道な努力をしなくなった感じが強いのです。

藤原　自閉症になっているせいで、日本がどんどん衰退しているのに、それに気づく能力も減退していて、日本人の瞳に輝きがなくて淋《さび》しい。

舎人　でも、コンピュータの普及のお陰で、去年（2002）の7月初めからネットの世界では、南北朝問題が大きく取り上げられ、ここに来て南と北の問題が沸騰しています。一般に今様が北朝で東が南朝ということで、政界から経済界を総なめにするように、皆が南だ北だと分かれて、争っているのが日本です。
　これは喜多貞吉の「南北正閏論《せいじゅんろん》」に始まり、ずっと長らく燻《くすぶ》っていたわけで、先生が親しくしていた鹿島昇が、『裏切られた三人の天皇』を書いて、火付け役を果たしています。彼が大室寅之祐《おおむろとらのすけ》の明治天皇説を出して、それが最近になり大きく燃え上がったが、不思議な縁で大室家に繋がる地家康雅《じけやすまさ》が、就職の面倒を見てくれと訪ねて来ました。

註８：参考資料
山口県田布施《たぶせ》に住んでいた大室寅之祐が、孝明天皇の皇太子睦仁《むつひと》と入れ替わり、明治天皇として君臨したという、南北朝の歴史と結びつく、明治時代に関し取り沙汰された仮説。

落合莞爾は「堀川政略」として、西円寺から地家作蔵に嫁いだスヘが、寅之祐、庄吉、朝平をもうけたのち、寅之祐と庄吉を連れて、作蔵の本家の大室家に、再婚することも予定されていた。……その結果、寅之祐と庄吉が、自然と大室姓を名乗ることになり、皇別大室家の再興が成ったと、この仮説を肯定している。そして、浩瀚《こうかん》な「落合秘史」を書き、難解さ故に注目を集めているが、そのネタ元に京都皇統の舎人がいる。

藤原　へえ、そんなことがあったのですか。それは奇遇ですね。

舎人　会って話をするのに人相を見て、先ずその志について尋ね、何を希望するかを聞いたのだが、教養が不足すると思ったので、神社本庁が適当だと思いました。すると、石原伸晃《のぶてる》の秘書が希望だというので、それなら話しても良いが、石原伸晃のどこに興味があり、何を学びたいのかと聞いてみた。

そして、未来を背負う君たち若い世代が、代議士の秘書に期待しているものは、どんな仕事かと質問すると、政治家になりたいのだと言う。ぼくの経験で判断すると、政治家は選挙に勝つのが最優先で、当選を目指すことが前提だから、理想の実現は出来ないし、あんな「虫けら議員」に仕えれば、時間の無駄に過ぎないから、止めた方が良いと教えました。

藤原　ビジョンや使命感がないのに、秘書の経験で政治家になる発想は、余りにも幼稚すぎて滑稽ですね。

舎人　私もそう思いましたが、それでもお願いしたいというので、石原事務所に連絡を取って、伸晃に会って貰えないかと頼んだが、今は秘書問題は混乱中だから、有償の秘書は雇えないと断られた。幾ら爺さんが明治天皇でも、修業して実力を付けない限り、世の中には通用しないし、政治家秘書も神社本庁もダメなら、選択の余地は限られてしまう。

ぼくとして世話が出来るのは、渋沢敬三の流れで現存するのが、渋沢寿一《じゅいち》の所くらいだから、それを提案して見たところ、会わせて欲しいというのです。

藤原　その渋沢さんといえば、民俗学関係の仕事ですか。

舎人　そうではなくて、渋沢寿一さんのルートはＮＧＯで、東南アジアで仕事を展開して、海外派遣で現地体験を積み、国際感覚を磨くのに最適です。それは先生が実践したのと同じで、脱藩して雄飛する体験を通じ、世界の空気を吸うことにより、自分の中に志が生れるし、人間としても大きくなります。ＮＧＯが東南アジアで展開している仕事で、世界の空気を味わって来て、経験を積み自主的な判断をすれば、より賢明な選択になると教えました。

そうしたら、彼は外国よりも国内にいて。メディア関係の仕事をする方が、自分の希望に近いと言い始めた。そこでぼくが思うには、今の日本にはジャーナリズムなどはなく、あんな世界で無駄な時間を過ごせば、忙しいだけで人間として成長せず、もっとはっきりした目標を作ってから、出直して来いと言い渡しました。

註9：参考資料

『アポロンのコンステレーション』第二巻の第二章で、「脱藩」について論じた藤原は、「……エジプトやバビロンを訪れ、故郷のサモス島に戻ると、僭主《せんしゅ》のポリュクラテスが、暴政で君臨しており、ピタゴラスは故郷を出て、南部イタリアのクロトンに向かった。彼が敬愛する幾何学者が、脱藩の先駆者だと考え、強い憧憬《どうけい》と誇りの気持ちを抱き、理想とする場所を求めて、弦一郎は遍歴の覚悟を決めた。……」と書いている。

脱藩とは権力の暴政が支配し、政治に理想が踏みにじられ、共通善が虐げられた土地を離れ、異郷に新しい故郷を作り、自己使命を実現する遍歴だ。だから、己の人生を切り開く意味で、就活もチャレンジ精神と結びついた、遍歴への第一歩のはずであり、若者は荒野を目指して踏み出すのである。

藤原　今の日本は若い人を甘やかすので、自分で何をするかの目的意識や、使命感と仕事を結びつける発想が、若者の間に欠けていると思います。

舎人　全くその通りです。だから、突き放してみた訳であり、もしも、確固とした志があるのであれば、何時でも手伝うから、出直せと言ったら、神社本庁でも良いから世話をして欲しいと言う。そこで神社本庁に連絡して、然《しか》るべき担当者に相談したら、各地の神社から人を送り込むので、有償の職員としては雇えないが、見習いに1年くらいなら預かるという。

だが、本人はそんな仕事では、気がすすまないと言うので、本当にやりたいのは何かと聞いた。

註10：参考資料
神社本庁は内務省の外局だった、神祇院《じんぎいん》の機能を引き継ぎ、伊勢神宮を本宗とする教

団で、国粋思想の総本山として、日本の反動思想と砦の役目を果たし、日本会議を通じて自民党議員を操る、伝統主義を体現した宗教法人だ。戦前回帰を求める安倍内閣では、閣僚の8割が日本会議のメンバーで、非理性的な言動が目立つが、こうした状況が続く限り、閉塞感からの脱却は不可能である。

藤原　甘いですね。また、今の日本の組織はガタガタだし、何もできない若者を育てることよりも、訓練生のシステムを生かして、自分で鍛えて仕事を身につけた人に、適材適所の仕事をさせる方が、本人のためになるはずだし、新しい雇用関係だと思いますよ。

舎人　だから、小泉のように口から出まかせで、一見では景気の良いことを吹聴しても、実態は出たとこ勝負だけであり、実力のない人が上に立ち、行き当たりばったりで誤魔化すのです。

藤原　小泉についての質問ですが、彼の祖父の小泉又次郎は、横須賀で波止場の人足を仕切って、口入れ稼業で成功してから、地方議員から代議士になっている。しかも、倶利伽羅紋々《くりからもんもん》の入れ墨で、大臣にまでなっているが、トビ職の出身だと言われるので、木曽あたりから出たのですか。

舎人　いや、彼は鹿児島出身の薩摩人で、全身に刺青《いれずみ》をしていたから、おそらく海民の隼人《はやと》かも知れず、横須賀では若い衆を集め、港や鉄道を舞台にして、口入れ稼業をしていたのです。

藤原　小泉の父親の小泉純也は、鹿児島の朝鮮部落出身で、鮫島純也は又次郎の秘書になってから、その娘と駆け落ちをして、小泉家に婿として入り、小泉純也になって政界に出た。でも、小泉の爺さんも薩摩なら、完全に薩摩の人間ですね。また、竹下登は出雲の人間だが、親父の勇造が入り婿として、旧家の造り酒屋の竹下家に入り、旧姓を消しているけれど、入り婿は日本人になる手口です。

註11：参考資料

『われ万死に値す』を書いた、岩瀬達哉は有能な記者で、丹念に取材をする点で彼は、フリーの記者では突出し、数多くのスクープを放って、日本のジャーナリズムで気を吐いた。竹下について丹念に現地取材し、岩瀬はこの本の中の記事として、次のような記述をするが、サラリーマン記者には書けない、貴重なルポルタージュである。

「……竹下の父・勇造は、出雲市で印刷業を営む武永家から、竹下家に婿養子に入った人物で、性格的にも磊落《らいらく》なところがあり、……政江（竹下登の新妻）は、睡眠薬がなければ寝付けないほどの、悩みを抱えていたということだろう。実際、彼女が2階の自室で、鴨居《かもい》に腰紐を通して首を吊った時、枕元には睡眠薬ビンが転がっていた。……」

現代の日本のメディアでは、これだけ書くのも大変で、自己検閲で削りに削って記事になり、読者が行間を読むのも難しく、表現の自由は疎外されている。だが、現地に行けば形はないが、言葉を使う時代の交信が機能し、文字が発明される以前の形で、情報が飛び交っているから、現地取材が威力を発揮する。

私の場合は両親の墓が松江にあり、僧侶の叔父は竹下と中学が同じで、親戚には教育委員長がいる上に、松江の新聞記者の多くが、読者というメリットもあった。

私が墓参ついでに取材し、集めた情報を整理すれば、父親の勇造が竹下家に入り婿したのは、二度目のものに過ぎず、一度目の入り婿は武永家で、済州島から日本に逃げてから、変身して来た道筋が分かる。しかも、竹下政江が首吊り自殺したのは、義父が強姦したためであり、地元の人が知っている情報でも、県外には伝わることもなく、傷ついた人が首相になれば、プラザでの合意は簡単である。

私は人工衛星の写真の解析を始め、人工地震の断面解析を行い、電磁波の勉強をしていたので、電離層におけるオーロラ現象が、干渉するのが気になった。噂として伝わった電磁波技術に、米軍がアラスカを舞台に使い、密《ひそ》かにスカラー波の研究を行い、その分野を米軍が独占する、ＨＡＡＲＰ装置の利用があった。

このハープは地震兵器になり、陰謀論が盛んに論じたが、石油開発に応用できると考えた私は、難解な理論に手を染め、スカラー波の理解を試みた。そんな時に小耳に挟んだのが、プラザ合意の円高を利用し、米国は空売りで作る数十兆円で、ハープ技術を完成させるため、日本円を使うという噂だった。
それに加えて中曽根が、日航123便の横田基地着陸を拒絶して、自衛隊のミサイル誤射を隠しており、「死んでも言えない」という秘密が、米軍が熟知していたものならば、事故の数週間後のプラザ合意（1985年）は、猿芝居だったことになる。しかも、日航便撃墜説を唱えた、日航の佐宗邦皇《さそうくにお》さんが、高橋五郎さんの講演会で、目の前で怪死した事件に、訪日していた私は遭遇している。

舎人　横須賀には鎮守府《ちんじゅふ》があり、重要な海軍基地だったから、波止場人足の手配の仕事で稼いで、補給基地の戦争商人として、又次郎は飯場の手配師で財を成し、地方議員から国会議員になった。全国にいる請負師の又次郎は、ヤクザや暴力団の片割れであり、小型版の幡随院長兵衛《ばんずいいんちょうべえ》だから、地方の名士だったので、刺青でも大臣にもなれたのです。
もっと大きな幕末の利権では、徳川や松平がどう動いて、それが明治にどうなったかに関し、ぼくなりの書き方だが、整理して纏《まと》めたものがあり、後でそれを差し上げるから、帰って読んでみて下さい。徳川十五代の慶喜を継いで、徳川十六代になった家達《いえさと》は、徳川宗家として千駄ヶ谷に、４万５０００坪の壮大な屋敷を構え、慶喜の孫たちの面倒を見たが、明治になってからの利権を、徳川と松平で見ると分かり易いです。

藤原　徳川慶喜は有栖川だから、徳川と松平は姻戚関係だと、皇室と同じになりますね。

註12：参考資料

教科書で学んだ日本人は、皇室と幕府を対立で考え、幕末を徳川家と天皇家が争い、犬猿の仲として捉えて、徳川慶喜の大政奉還に対し、誤解に誤解を積み重ねている。徳川慶喜の父親は徳川家斎で、その七男に生まれた慶喜は、一ツ橋家を継いで徳川慶喜になるが、母親の吉子は有栖川家で、有栖川織仁《おりひと》親王の末娘である。

しかも、有栖川織仁の娘の喬子は、十二代将軍の徳川家慶《いえよし》の正室で、有栖川織仁の娘の織子が、広島藩主の浅野斉賢の正室である。また、有栖川織仁の娘の幸子が、広島の毛利斎房の正室のように、公家と武家との違いは、遺伝子のレベルでは解消している。

だから、倒産寸前の幕府体制を見て、徳川慶喜は将軍をやりたくなく、計画倒産を試みたに過ぎず、当時の世界情勢を見るなら、それは当然の経営人事であり、徳川慶喜は負けてはいない。だが、薩長にしてみれば戦勝ではなく、実態が計画倒産であれば、面目丸つぶれになるので、徳川慶喜を敗者に仕立て上げた、維新の歴史をでっち上げ、勲章で飾り立てたのだ。だから、華族制度で身分のなり上りを果たした。足軽以下の伊藤博文が、侯爵として栄誉で飾り立てたり、長州の卒族共が出世して、狼藉《ろうぜき》を演じたのがその典型である。

【休憩室その3】

幕末から明治の開国に至る、いわゆる「御一新」の歴史は、薩長が勝者として歴史を残すために、如何《いか》に幕府体制が悪辣《あくらつ》であり、無能であったかを強調した、薩長史観による歪曲《わいきょく》が目立つ。それはシナの正史のスタイルで、「易姓革命」に基づいたものであり、前任者が悪で後者が善という、『孟子』の「湯武放伐」思想が、根底を支配しているのである。

この対話があった時期（２００２年）には、航空機の墜落事故が多発し、それがハープ兵器によるという考えが、一部の限られた人の間で、信じられていたのであり、その時代性を対話は反映している。特に皇室の情報力の凄《すご》さは、この会話に如実に表れていて、ボーデン湖での墜落事故が、身近に感じられたために、接近した訪欧親善旅行に対して、危惧していた様子がよく分かる。

なにしろ、原因と状況がよく分からない上に、事故の内容が悲惨だったことは、報道の曖昧さからも察しられて、不安を高めたのは当然で、時系列で出来事を検証すれば、その深刻さが良く分かるのである。

〈航空機衝突〉11人の遺体収容　一帯に非常事態宣言

【ベルリン藤生竹志】ドイツ南部バーデン・ビュルテンベルク州で1日午後11時45分（日本時間2日午前6時45分）ごろ、モスクワ発バルセロナ行きツポレフ1

５４型旅客機と、バーレーン発ブリュッセル行きボーイング７５７型貨物機が空中衝突し、２機はボーデン湖近くのユーバリンゲン付近に墜落した。独のテレビ報道などによると、ツポレフ機に95人の乗員乗客が、またボーイング機に操縦士と副操縦士の２人が搭乗しており、全員が絶望視されている。ＡＰ通信によるとツポレフ機の乗客乗員は約１５０人との情報もある。これまでに少なくとも11人の遺体が収容された。また独航空当局は現場から１機のフライトレコーダー（飛行記録）を回収、事故原因の究明作業に着手した。墜落現場付近で住宅や農場、学校が炎上しており、地上でも多数の死傷者が出ている可能性がある。現場では警察・消防当局がヘリで上空から生存者の捜索活動を行っている。（毎日新聞）

しかも、明治天皇睦仁にまつわる、大室寅之祐の問題において、南北朝に由来する歴史の謎と関連し、教科書には登場しない、多くの名前が次々と現れるために、当惑させられてしまう。私のように記憶力が弱く、王者や英雄の名前の記憶が苦手で、年号を覚えるのが苦痛な者は、こうした話になると混乱して、整理が出来なくなるために、聞き役に回らざるを得ない。

だから、私は買った本をノートにして、そこに書き込む癖があるので、図書館の本は眺めるだけで済まし、本を日本に注文したから、家の中は本の山になった。30年住んだアメリカを離れた時に、3万冊余りも蔵書があり、その内の5000冊は書き込み済みで、脳の分室に等しかった。だから、米国を離れるに当たって、蔵書は図書館に寄贈したが、書き込んだ1万冊は台湾に、一緒に引っ越しをしており、外付けのメモリーの蔵書は、辛いが別離することになる。

2000年春にこの舎人が、果たした特殊な役割と、皇室が持つ情報力が、いかに凄いかついては、『ニューリーダー』2014年8月号に、書いた記事の中で触れている。それは『ミャンマー・タイムス』で、営業局長をするスチュワート・ベッカー記者と、「太平洋とインド洋を結ぶ国際政治と経済戦略」と題して、試みた対談の一部だが、国際舞台においては、日本がどのように論じられ、紹介されているかの参考に、少し長いが引用して置く。

藤原　それは十分に考えられることです。国内がある程度安定した時に、膨張路線をとったのが、シナの歴史です。

しかも、内戦から文化大革命を経て、一九六〇年代から八〇年代にかけての中国は、貧困から抜け出すために必死だった。また、三五年前の日本の突出ぶりは、経済力で近隣諸国を引き離したので、対日バッシングを一手に引き受けて、米国の苛めに痛めつけられた。

だから、台湾や韓国の経済が発展すれば、苦痛を軽減できると考えた私は、アメリカから太平洋を横断して、アジアの諸国によく出かけた。韓国には三〇度以上も訪れたし、台湾には招かれて二年ほど住み、中国にも二〇度近く訪問した。しかも、信頼できる情報の人脈もあったし、土地勘と住民感情への理解は、兵用地誌に基づいて、正確だったと思う。

戦前の朝鮮半島は日本との合併で、一種の植民地的な支配を受けたが、戦後に独立し北朝鮮と韓国になった。文明史観に基づく判断によれば、旧植民地は盟主国の性格を純化し、歴史法則に従って北朝鮮は天皇制の形で、韓国は財閥と軍事独裁に特化している。

しかも、冷戦体制の中で朝鮮戦争が勃発し、三八度線を挟んで両国は敵対して、国境線に近いソウルが首都のために、韓国民の多くは不安に苛《さいな》まれており、海外移住の希望が圧倒的だ。また、満州を故地《こち》に持つツングース族は、遊牧系の騎馬民族の戦士で、山の多い北朝鮮に広く分布している。それに対し倭族に属す農民は、朝鮮半島の南部に定着した後で、その一部は対馬海峡を横断し、何度も日本列島に波状移住した。

瀬戸内海は黄海と玄界灘《げんかいなだ》の延長だから、瀬戸の沿岸には倭族が住み着き、海のどん詰まりに堺の港が位置するし、その奥に倭族が一四〇〇年も昔に、飛鳥京や奈良の都を作っている。ローマ帝国の将軍カサエルが、ドーバー海峡の彼方まで遠征し、ガリアやブリタニアの民を制圧し、植民地化したパターンと同じです。

ベッカー　まさに歴史は繰り返すですね。

藤原　シナの歴史も本質は似ていて、兵馬俑《へいばよう》を作った秦の始皇帝は、シナの語源のシン（Ｑｉｎ）帝国を作ったし、手本にした古代ペルシア帝国は、中央集権的で好戦的な戦士集団だった。だが、漢と呼ばれる王国時代の末期に、内乱と疫病の蔓延でシナ体制は滅亡し、トルコ系やモンゴル系の遊牧民が、唐や元などの大陸国家を作り上げた。また、シン（秦）帝国の遺民は漢字文化を育て、一部は客家《ハッカ》や華僑として離散し、シナ系であることを誇っている。これが歴史における相似象であり、生命体の繁殖パターンとして、時空を超越する力学の下に、文明と文化を構築しています。

国家や国民は人工的なものであり、言葉は文化として民族に属すし、それと国家が一致するケースは稀で、国民はフランス革命に由来する概念です。私の処女作からの読者である、韓国経済新聞社の李揆行社長から、秘密厳守の約束で聞いた話だが、韓国の財閥や軍人を含む高級官僚は、北から来た騎馬族の系統が占め、権力を握る支記者層を構成する。

同じパターンはシナの政治にもあって、西欧人には漢民族に見えても、支配者として治める異民族系は、胡錦濤《こきんとう》や胡啓立《こけいりつ》を始め胡耀邦《こようほう》のように、遊牧民系に属す胡族出身だったりする。この不思誰な謎解きゲームには、漢字の理解能力が必要になり、これが歴史を読み解く鍵なのです。

ベッカー　ただ、その問題に深入りし過ぎると、優生学の罠に嵌《はま》る危険がありま す。

藤原　その指摘はもっともだが、現在起きている紛争の多くは、国家という枠組みの中における、民族的な個性認知の問題であり、これは近代が抱えた疾病である。これは正統と異端の関係に似て、多様性への寛容の問題に属すし、異端審問や魔女裁判の歴史が、その問題点を教えてくれています。それは生理と病理に関わって、免疫の問題と共通性を持っており、自己と非自己の関係になるし、ガンの取り扱いに結びついている。

現在の西洋医学のガンの理解は、異常な速度で分裂する細胞が、異端だから取り除けと結論し、排除が有効な措置だと考え、共生についての配慮をしていない。これは自由と平等の原理として、常に対立してきた概念であり、自由主義と共産主義の間で、冷戦や熱戦を繰り返してきた。二項対立である自由と平等の理念は、人間レベルでの捉え方であり、より普遍的な概念への発展が可能だ。自由主義は

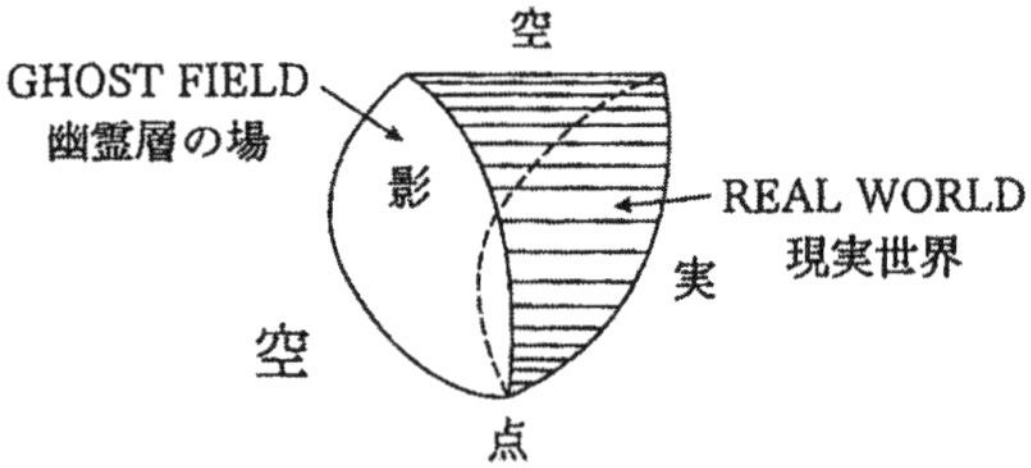

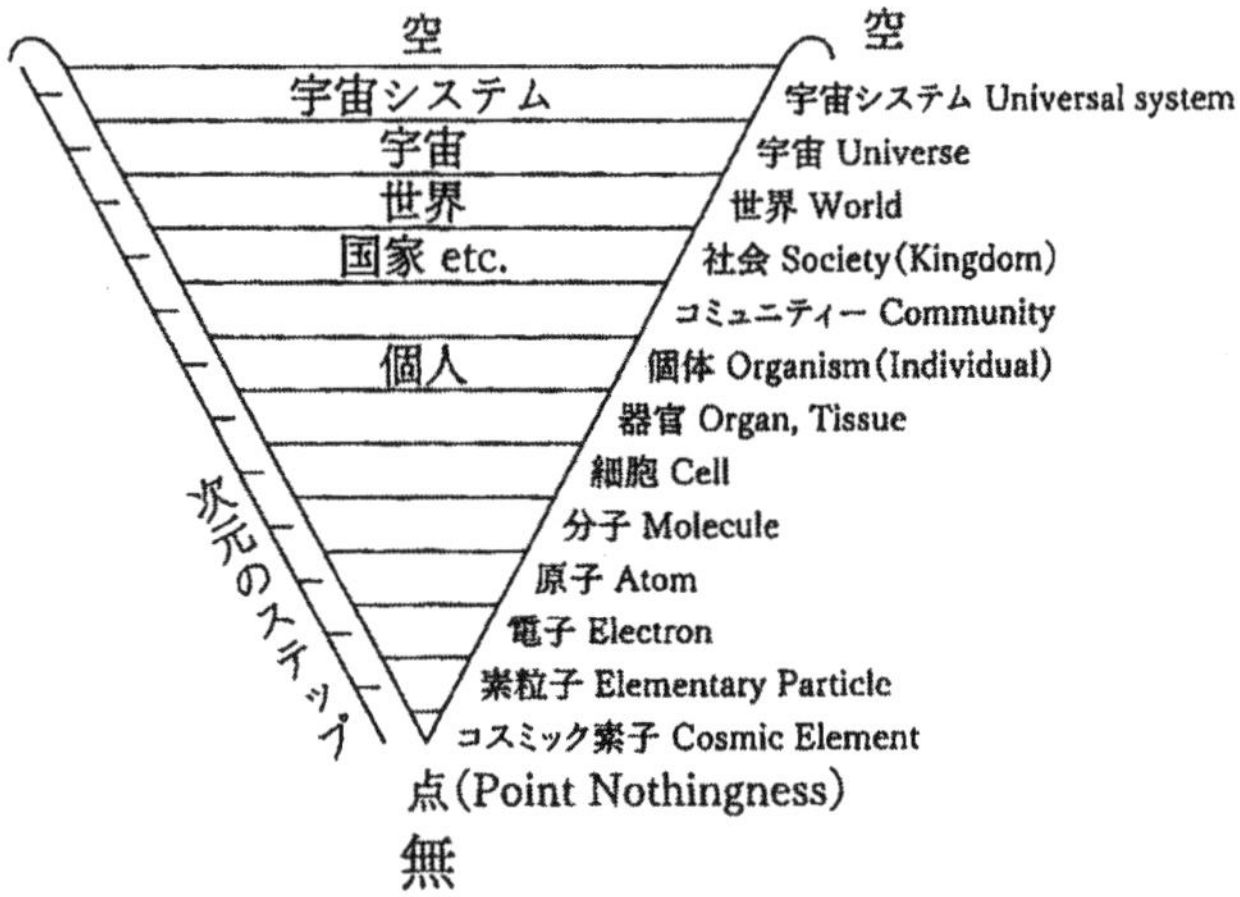

ホロコスミクス（宇宙システムを構成する多次元構造）

無秩序を志向するし、共産主義は統治や秩序と結び、社会レベルでの信条に属すから、近代人には理解しやすい概念ではある。

しかし、情報革命が進行して行く時には、世界化で国民国家の枠が崩れて、宇宙レベルの発想が広がる中で、新しいパラダイムが必要になる。無限大と無限小を超える大自然は、ホロコスミクスとして無と空が繋がり、このモデルを使うことによって、ポラリティを持つ自由と平等は、自由度が法則性で置換されます。だから、二一世紀にふさわしい概念として、平等に代えて法則性（Regularity）を導入し、自由を変則性（Irregularity）で置き換えれば、人間や生物界から大自然の宇宙界に、相移転の操作が可能になる。

それをトポロジカルに表現すれば、哲学や思想を図形として顕現するし、動態幾何学の究極モデルとしてトーラスの形での理解になります。

ベッカー　動態幾何学やトポロジーと言われても何のことか良く分からない。もう少し具体的に。

藤原　奥義は言葉では表現し得ないので、昔からシンボルや寓意図で表し、近代になると方程式を用いている。だが、数式では零と無限はダメだから、普遍原理には幾何学しか役立ちません。

そう考え二〇世紀の総括の形で、『ホロコスミクス』と題した論文を書き、ニューヨークの国際地球環境大学（IEEU）の紀要に、世紀末の最終年度に寄稿したら、二〇〇〇年一月号に掲載された。そのコピーはあなたに上げてあるし、『月刊　ザ・フナイ』の二〇一二年四月号に、日本語訳が掲載されています。

また、十数年も前の話になるが、皇室関係筋の読者から頼まれ、英文紀要に献辞と署名をした上で、皇太子に献上したいと言われた。

また、この使者が東宮に届けたところ、「既に読んでいる」と言われたと聞き、私は皇室の情報力の凄さに驚愕したし、皇太子の洞察力に目を見張った。オックスブリッジの人材教育の高さや、英国の情報網が持つ人脈には、さすがに凄いものがあると驚いたし、皇室は欧州の王室と繋がりが強い。

また、二〇一二年七月の皇太子のカンボジア訪問の時に、あなたは私にインタビューして、皇太子について記事を書いています。それには彼が水に関心を持ち、環境問題の理解の鍵をトーラスが握り、トーラス思考が未来を拓《ひら》くと論じて、その図を記事の冒頭に使った。あなたはそれを記憶していませんか。

ベッカー　記事と図は記憶しているが、それが自由と平等の問題にまで結びつくとは思わなかった。

藤原　しかも、あなたは３・11地震と原発事故に触れ、皇太子が環境問題に熱心だと書き、記事の中で人類の連帯を論じて、映画『スライヴ』まで紹介していた。環境汚染を憂慮している皇太子は、フクシマ原発の放射能に対し、生命への影響を心配しています。また、福島の子供は免疫不全で鼻血をだし、被災者を何度も見舞った天皇は、内部被曝《ひばく》のマイコプラズマ疾患で、体調を崩しているというのに、政府は汚染被害は軽いと発表し、事故隠蔽の情報操作に懸命です。

しかも、安倍は大急ぎで秘密保護法を作り、報道規制を強化したせいで、日本のメディアは報道しようとしないが、ドイツやフランスの記者は福島に乗り込み、事故の真相を暴露し続けている。また、チェルノブイリ事故の結果に詳しいので、米国政府は軍人を含むアメリカ人に、福島から五〇マイル（八〇キロメートル）

離れろと警告した。だが、日本政府は、二〇キロメートルなら安全だと、欺瞞《ぎまん》に満ちた指導を国民に行い、被曝基準を二〇倍も引き上げた。米国の言う八〇キロメートルが危険地帯ならば、東京や横浜もその圏内に入るので、緊急対策をする必要があるのに、安倍内閣は全く放置しています。しかも三号炉は水素爆発でなく核爆発で、倒壊寸前の四号炉の核燃料は、日本を全滅させる可能性を持つ。

その上、日本には五四基の原発が存在するが、震度六の地震に耐える原発はなく、日本は世界一の地震列島である。さらに、核武装のために秘かに備蓄したプルトニウムは山のようにあるし、毎日のように出る放射性ゴミは、保管場所さえもない状態という始末です。

また、連日のように放射能汚染の水が、大量に太平洋に廃棄されて、自然環境を破壊しているのに、日本政府は責任を感じないで、安全だと叫びまわるだけです。それだけでは終わらず、オリンピック開催の妄執に支配され、安倍晋三は五輪招聘のスピーチで、「福島原発の汚染水は〇・三平方キロメートル内に、完全にブロックさせたので、全く問題はない」と胸を張った。

だが、これは言語道断のデタラメで、嘘の中で虚言が最も悪質だが、安倍は世界に向け大嘘をついた。それはオリンピック開催に合わせて、東京にカジノを作るためです。日本の最大の産業は自動車でなく、パチンコだ。パチンコに続く巨大な賭博《とばく》利権に、首相や都知事が駆り出され、世界を相手にしたペテンにオリンピックが悪用された。

米国はゲーム理論を生んだ国だから、戦術的な策略は受け入れるが、騙すための見え透いた嘘は、毛嫌いする性格がとても強烈です。特に原発事故のような深刻さを秘め、文明の死命を制す問題では、先送りや誤魔化しは許さない。

自薦だが警察官の役割を演じる米国にとり、平然と虚言を並べた安倍の行為は、糾弾に値する犯罪行為だった。しかも、全世界を愚弄《ぐろう》するかのように、戦犯を祀《まつ》る靖国神社を賛美して、過去に犯した過ちを否認し、驕慢《きょうまん》な姿勢を改めない安倍に、アメリカが蓄積した怒りの気持ちは、爆発寸前の状態に達しています。

なぜなら、東条英機らのＡ級戦犯が絞首刑になった日に、安倍の祖父である岸信介は、巣鴨の拘置所から釈放されたが、同じＡ級戦犯の岸がＣＩＡに、スパイ役を約束したので、絞首刑にならなかった秘話がある。それを熟知する米国政府は、売国奴の血筋を受け継ぐ形で、世襲議員から首相になった安倍を卑下している。

だから、訪米した安倍をオバマは晩餐《ばんさん》に招かず、サミットでも首脳会談を忌避し、独善的な安倍の存在を無視し続けた。この侮蔑のメッセージに加えて、ケリー国務長官とヘーゲル国防長官は、千鳥《ちどり》ヶ淵《ふち》の戦没者墓苑で献花し、靖国カルトに拒絶反応を示した。だが、国際感覚のない愚鈍な安倍は、日米の絆《きずな》が損なわれているのに、追従して貢物を差し出しさえすれば、米国は喜ぶだろうと錯覚して、集団自衛権を口実に使うことで、米国のご機嫌取りの戦争を口にし、臨戦態勢を整えようとしています。

ベッカー　どうしてそんな馬鹿げた状況が、放置されているのか。自分たちの運命を守るために、国民が抗議のデモを組織するとか、ジャーナリズムがペンの力で、政治の暴走に対し批判をすべきです。……（後略）」

第二編

高松守保による舎人の変奏曲

第一篇の対話の起こしを読み、聞きなれない名前と共に、聞いたことのない情報に出会って、当惑した人も多いはずだし、註を読まない限り何の話だか、見当がつかなかった人もいたと思う。これが遺跡を発掘した時の、新発見の驚きであると共に、喜びに相当する体験であり、教科書と違う一次情報に出会う、感激を味わう醍醐《だいごみ》味に相当し、現場検証はこうした世界を提供する。

だが、最初の印象は「まさか」という、戸惑いが支配するもので、誰でも最初の出会いは信用出来ずに、疑いを抱くのは当然であり、幾度かの経験で慣れるようになる。だから、「眉唾《まゆつば》」扱いされるのが普通で、平均的な編集者は信用せずに、こんな記事は聞いたことがないと言い、没になるのが世の常だが、聞いたり見たりしていれば、それは新発見にはならない。

この社会通念を知っているので、発見しても直ぐに公開せず、醗酵《はっこう》するまで寝かせておいて、時期が来てから開封するのが、世慣れたプロのやり方だし、時には当事者に近ければ、墓場まで持って行くのだ。だが、その存在を知らせることに価値があり、他の人が調べて再発見し、世の中に貢献すると思えば、害が出ない程度に加工を施し、ヒントを仄《ほの》めかす程度で、世の中に送り出すこともある。

あるいは、小説の形にして書いたり、絵画や音楽の形に組み直して、分かる人だけが見抜けるように、工夫する芸術家もいるし、巧みな文筆家ならメタファーを使いこなす。その傑作の一つが『聖書』だが、誰でもバイブルを書ける訳でなく、ガリバーは『旅行記』でそれを試み、藤原定家は『百人一首』を使い、レオナルド・ダヴィンチの場合は、『最後の晩餐《ばんさん》』を使ったと、ダン・ブラウンは『ダヴィンチ・コード』に書いた。

＊　＊　＊　＊　＊

生々しい事件の背景を始め、情報の出所の秘匿が必要で、それを承知で書くことにより、時の流れに竿をさすと共に、歴史の証言を残すには、どうしたらいいかを考えてみた。愚かな政治に正面から立会い、論考を書くのはしんどいし、そうかといって罵声《ばせい》を上げれば、日本に氾濫《はんらん》する声と変わらず、舎人の情報の精髄を抽出して、平成版の通俗的な『Ecce homo《エッケホモ》』にする。

そうすれば諧謔《かいぎゃく》混じりに、皇統筋の視線を混在させて、愚かな政体を睨《にら》み下した形で、経済誌の読者に向けた記事が、カレント・トピックスに託し、メッセージとして送り届けられる。そのために筆者名としては、江戸文芸の伝統を手本にして、宿屋《やどや》飯盛《めしもり》や朱楽菅江《あけらかんこう》（江戸の狂歌師）にあやかり、高松守保という名を選んだ。

「まえがき」を読んだ読者の人は、この名の由来は明らかで、第一篇の記事のいたるところに、そのヒントが姿を見せ、江戸の狂歌の世界がある。守保の音読みは「しゅほ」であり、酒保は軍隊の用語では、兵営内の売店を指すが、戦後の日本経済において、高松宮が果たした役割が、この言葉が持つ隠喩《いんゆ》になる。

近世から近代にかけて、天皇になるのは筆頭親王か、伏見家の筋に繋がる者であり、現在の天皇家は光格天皇系で、そこに大室寅之祐の出自が絡めば、明治天皇系という問題も浮上する。だから、幕末の混乱期の善後策として、伏見宮系の親王に軍籍を与え、明治天皇の内親王と結婚させて、皇統の藩屏《はんぺい》にする工作で、当面を取り繕おうと試みた。

その仕組みはデリバティブと同じで、大衆の目は攪乱《かくらん》できるけれど、歴史の相似象に精通した目には、その欺瞞《ぎまん》は簡単に見抜けるから、『ゾンビ政体・大炎上』（電子版）の中に、以下のように書いておいた。

「……私がここで強調したいことは、戦争における戦闘状況ではなく、人事の誤りについてであり、血統や系図重視は間違いを犯す。帝国陸海軍における致命的な欠陥が、明治天皇の娘たちと結婚していた、伏見の宮系の皇族四人によって、軍部の上層部に君臨を占有された事実である。

近隣諸国に侵略戦争を仕掛けて、人々を不幸にした背後に、それを実現した事大主義の人事があり、その顔ぶれを列挙すれば、次のような顔ぶれが登場する。

●伏見宮博恭《ひろやす》（軍令部総長）妻は徳川慶喜の九女
●東久邇宮稔彦《なるひこ》（防衛総司令官）妻は明治天皇九女の聡子《としこ》内親王
●北白川宮成久《なるひさ》（陸軍大佐）妻は明治天皇七女の房子内親王
●竹田宮恒久《つねひさ》（陸軍少将）妻は明治天皇六女の昌子内親王

戦後に皇籍離脱した四人の皇族は、伏見宮を除いて明治天皇の娘を妻にして、皇族としての立場から軍務に就き、戦争政策に加担しており、歴史に大きな傷跡を残したが、天皇家もその例外ではなかった。欧州における王族の伝統では、王子は軍務か外交に従事して、国家に仕え国是を護る仕事が、貴人の務めだったので、高貴な義務（Noblesse oblige）だと考えて、昭和天皇の兄弟もそれに従い、次のような形で軍務に従事した。

●昭和天皇裕仁（大元帥）
●秩父宮（陸軍少将）
●高松宮（海軍大佐）
●三笠宮（陸軍少佐・航空総軍参謀）

その外に皇族関係の軍人として、高い地位を占めた人としては、参謀総長の有栖川宮熾仁《たるひと》陸軍大将や、参謀総長の小松宮章仁元帥がいた。しかも、朝霞宮鳩彦《あさかのみややすひこ》は陸軍中将として、上海派遣軍司令官を拝命しており、南京事件の責任者だったが、病気だった松井岩根《いわね》大将に責任を負わせた。しかも、中央に戻って大将に昇進すると、本土決戦を主張した主戦論者として、侵略路線を代表していたのに、その責任について論じる人は皆無だった。……」

ただ、舎人との対話で学んだのは、昭和天皇の兄弟に触れて、ドラヤキと呼ばれた三笠宮が、果たしてどうかは識者により、検討される必要がありそうだ。

＊　＊　＊　＊　＊

註：第二編の意味を満喫して、当時の時代背景を理解し、小泉内閣が支配した時代が、如何に狂気に満ちており、異常だったかを知る上で、役立つアドバイスをしておこう。

それはこの会話の時から、暫《しばら》くして取り掛かって、数年後に出版され、一時はベストセラーになり、数週間後に姿を消した、『小泉純一郎と日本の病理』である。この本は書評もなく、ネットで取り沙汰され、買えなくなると噂が立ち、その通り姿を消したが、6週間で5万冊出て、買い占めと焚書の犠牲で、出版部門も閉鎖されている。

歴史の生きた証言として、小泉内閣の問題点が、詳細に点検されており、権力者にとって目障りな、事実の発掘と並んで、欺瞞の告発が災いし、不幸な運命を招き寄せた。

特に第六章においては、創価学会の野望について、徹底的に暴いていたので、それで組織を動員し、回収工作が企てられ、ローラー作戦が推進されていた。

　そのために不幸な本は、入手困難になったので、一時は定価の20倍も、プレミアムがついたが、今では電子版があり、無料で読めるために、古本バブルは沈静してしまった。だから、電子版をダウンロードし、簡単に携帯でも読め、下敷きとして使えば、この章の理解は深まり、役に立つと思うので、そのように活用したら良い。

　国内で幾ら妨害しても、情報に国境の壁はなく、韓国でハングル版が出て、ソウル大学法学部では、必読文献に指定され、それで読んだ留学生に、ロスで出会ったことがある。また、日本語版で削られた、サイコパス診断を復元し、世界の読者向けの英語版は、『Japan's Zombie Politics』の題で、米国のアマゾンで入手できる。

　小泉のゾンビ内閣は、民営化の名の下に、公共財産を私物化し、郵便サービスや国民の貯蓄と、日本の企業を外国資本に、安く売り払っている、売国路線を推進した政府だ。それに加え、イラクに自衛隊を派兵し、戦後の平和政策を放棄して、戦前回帰の方向に、大きく踏み出したので、小泉純一郎の狂気が、日本をカタストロフに導いた。

第一章　「石井紘基《こうき》議員の刺殺事件の謎」〈第1回〉

民主党の石井衆議院議員が、2002年10月25日に刺殺された事件は、翌日に警視庁に自首した、自称右翼の伊藤白水容疑者の供述によって、借金を断られたのを根に持った、怨恨《えんこん》殺人として処理された。だが、伊藤容疑者が組織したという、右翼団体の実態は奇妙だし、金に困って殺人したというのは、動機として線が弱いから、供述として余り信用できそうもない。

右翼や暴力団が絡む殺人事件の多くは、代理の人間が出頭して、犯行を白供する場合が多いから、自ら罪を犯したと警視庁に、出頭したからといって、それを真に受けて捜査を打ち切るのは、軽率というしかないのである。報道によると、石井議員を自宅前で刺殺した犯人は、頭にスカーフを巻いていたと言われているが、殺人現場から緑色の作業服を着た男を見た、タクシーの運転手の目撃談もあるし、目撃者の証言と自首した、犯人の語る証言における違いまで、捜査当局は確認しているのに、真相解明は打ち切られた。しかも、石井議員が最近つかんだらしいとされるスクープは、オリックスの宮内会長と、政治家との間のスキャンダルに始まり、旧日債銀の本間忠世社長の怪死事件と、在日韓国系の金融機関の韓国人脈と結ぶ、孫正義ソフトバンク社長のアングラ人脈が、関与するという公安情報もある。

それだけに、米国のメディアはこの刺殺事件に対して、組織暴力絡みの政治的な暗殺だと報道しており、日本の警察が政治と癒着している現実を糾弾している。日本では石井議員の刺殺事件を、通り一遍に扱ったのに対して、米国人の間で日本問題を扱うことで知られた、ジャパン・フォーラムでは、この事件の背後関係に、鈴木宗男議員と絡んだＫＧＢを始め、オウム真理教の事件に関連した、グループの介在を予測している。

www.Japanforum @ lists.nbr.org のサイトの記事を読めば、石井議員を刺殺した、政治的な暗殺事件の背後には、警察が自殺と即断した、新井将敬議員や、本間忠世社長の怪死事件があり、決して一筋縄では行かない、国際謀略の存在が想定されているのである。

実際問題として見逃せない視点として、モスクワ大学法学部を卒業して、ロシア人の夫人を持つ、石井議員の秘書の一人が、ＫＧＢ長官だったアンドロポフと非常に親しく、その関係でＫＧＢの総帥だった、プーチンロシア大統領とも、緊密な結び付きを持つはずだ、という推測もある。

日本のメディアが、拉致《らち》問題のお涙劇で興奮しているために、真剣に取り組まなければならない、この国家の重大問題が放置されており、「間違いを認めず、口先で誤魔化し責任を取らないで、自画自賛する」小泉首相の下で、日本は猛烈な勢いで、亡国の色を濃厚にしている。日本の国会議員が、外国の特務機関と親しく付き合ったり、議員秘書たちが利権を種に、不当利益を漁《あさ》る事件が続発しているが、国会を舞台に売国行為が、横行している日本という国は、一体どうなってしまうのだろうか。全く情けない限りだと思わずにいられない。

【休憩室その1】

石井紘基代議士刺殺とテロル事件の時代の到来

石井議員が自宅前で刺殺された事件は、日本の将来に暗い影を投げかけているが、この事件の10日後に東京で再会し、緊急に行った対話の中に、このテロ事件に、不吉なメッセージを読み取り、それを考察した状況が読み取れる。

「註：2002年10月25日、民主党の衆議院議員・石井紘基が、世田谷区の自宅駐車場において包丁で左胸を刺され死亡した。翌10月26日、指定暴力団山口組系右翼団体（〝構成員即《すなわ》ち代表〟の一人団体で、いわゆる「右翼標榜《ひょうぼう》暴力団」）代表の伊藤白水が警察に出頭し逮捕される。伊藤は「家賃の工面を断られたため、仕返しでやった」と供述したが、石井が国会議員や官僚の腐敗を徹底追及していたことから「暗殺された」との見方もある。10月28日に予定されていた国会質問を前に、石井は「これで与党の連中がひっくり返る」と発言したという事実などが挙げられている。事件当日、石井の鞄には国会質問のために国会へ提出する書類が入っていたが、事件現場の鞄からは書類がなくなっており、いまだに発見されていない」

舎人　それが藤原流の情報術でしょう。それはともかくとして、石井議員の刺殺テロ事件だが、自分が犯人だと名乗り出た男は、絶対に真犯人ではないと言っていい。あんなゴミみたいな自称右翼が、あれだけの事件を起こすはずがなく、仕組まれた出来レースであるし、身代り自首に決まっています。あの事件が起きたのは、10月25日だったが、あの日は偶然なことなのか、私は帝国ホテルに向かうために、青山からタクシーに乗ったのです。そうしたら運転手が話しかけてきて、「お客さん、今朝ほど石井という代議士が、殺された事件を知っていますか」と言うので、「いや、知らないがどこの代議士か」と聞いたら、「民主党の代議士です」と言った。そこで「カミさんがロシア人の代議士か」と聞いたら、「そうです」という返事でした。

それからが奇遇とでもいうか、運転手は殺人現場の直ぐそばが、いつも運転手が休憩している場所で、人通りのない静かな所で休んでいたら、緑色の作業着の男が通り抜けた。こんな所を珍しいなと思っていたら、暫くして救急車やパトカーが、サイレンを鳴らして集まったので、びっくりしたと言うのです。事情が良く分からないので、目撃者としては届けなかったが、目の前を走り抜けた男とか、緑色の作業着を目撃して、それを警察に届けたならば、役に立つかと迷っているという。

そんなタクシーに乗り合わせたのだが、夜のニュースで殺人事件を知り、妙な巡り合わせだと思ったのです。それで思い出したことだが、石井代議士は不正を追及して、汚職事件についての調査中で、オリックスの宮内が政府に取り入り、色んな委員会の座長をやりながら、官僚と癒着して利権を作った。その件に関して重要なネタを摑《つか》み、それを追及しようとした話は、殺人の話を聞いて閃《ひらめ》いたが、その種の汚職は日常茶飯事で、浜の真砂のようにあるから、今の日本では迷宮入りになって、真犯人は見つからずに終わりです。

藤原　こうした政治テロが迷宮入りして、うやむやになってしまうことで、次に起きるのはクーデタであり、これが一人一殺の始まりなら、5・15事件や2・26事件が続き、ファシズム政治の到来になる。それを考えると憂鬱《ゆううつ》になるが、今の日本の政治の現状からして、それを防ぐ力は期待できない。

小泉政治が秘めている魔力について、日本人は恐ろしさに気付かず、思い付きだけの劇場政治が、いかに破壊的かを理解せずに、狂人のしたい放題を放置すれば、日本の未来は絶望的というだけです。

第二章　「日銀券のデザイン変更（新札発行）をめぐる疑惑」〈第2回〉

政府と日銀は2004年度から、現在流通しているもののうち、3種類の紙幣（日本銀行券）を、刷新することにしたという記事が、2002年8月3日の各紙で報道された。この新しいお札発行のニュースは、前日に塩川財務大臣が記者会見で発表したものだ。

日経ネットの記事によると、新五千円札に夭折《ようせつ》した天才女性作家、新千円札に努力で障害を乗り越えた世界的な細菌学者――。塩川正十郎財務相は新しいお札に、樋口一葉と野口英世を採用したことについて、「どちらも私が提案した。これまでのお札は、政治家中心だったが、明治の先駆者という、幅広い観点で選んだと説明した」とある。だが、これは実に奇妙な説明だ。

まず、第一に納得できないのは、新紙幣の図柄の中心の顔を誰にするかについて、一介の財務相の個人的な意見で決まるとは、考えられないことだ。第二に矛盾しているのは、これまでのお札が政治家中心だったというが、差し替えになった肖像は、農学者の新渡戸稲造《にとべいなぞう》と、作家の夏目漱石であり、二人とも明治の先駆者だったことは、誰でもが知っている。過去の肖像が政治家中心だという塩川発言が、理論的に支離滅裂で、説得力が全くないのは明白だ。

記者会見の記録をWWW.MOF.GO.JP/Kaiken/で調べて見ると、大臣のアイディアかという質問に対して、「樋口一葉《ひぐちいちよう》、野口英世はそうです」と答えた記録がある。だから、塩川財務相の発案だったのは確かなのだろう。

塩ジイにそんな決定をする権力が与えられていて、一国の通貨の顔である肖像を選択するパワーがあるとすれば、それは一体なぜなのだろうか。そういえば塩川議員がだいぶ前に、選挙で落選したときに、暫くアメリカに行き、その訪米でロックフェラーに、世話になっただけでなく、グリーンスパンの所で金融について、指導を受けたという噂が、虎ノ門周辺で流れたことがあった。

それだけでない。小泉内閣の成立で、塩川財務相が誕生したときに、日本が直面していた未曾有《みぞう》の金融危機と、財政破綻を前にして、それほど財政手腕を持つと期待されていないにもかかわらず、塩ジイが任命されたことを、奇妙に思った財政通の間で、塩川正十郎とニューヨーク人脈の問題が、再び取り沙汰された。そして興味深い指摘として思い出すのは、ひょっとしたら彼はあちらのお目付役か、と噂されたことについてだ。

野口英世は今の金額で、数千万円もの金を借りて、渡米して踏み倒したとか、結婚詐欺に近いことをして、アメリカにトンズラしたという妙な噂も流れた。それに研究をやったのが。ニューヨークのロックフェラー研究所で発見したという、黄熱病の病原体も思い違いだったというような、伝記にはとても書けない、幾つもの疑惑まで付き纏《まと》っている。

塩ジイがロックフェラーと関係があったから、エージェント役を果したと疑う訳ではないが、全く奇妙な符合だと考える人がいても、不思議ではないし、なぜ高峰譲吉や北里柴三郎ではなく、野口英世なのかもよく分からない。

今回の新紙幣の発行は、20年振りだということであるが、改刷りの理由の筆頭に来るのが、多発する偽造防止のためで、カラーコピー機やパソコンの性能が向上して、非常に多くのニセ札が、発見されているからだという。

2002年の上半期だけで、1万枚近くのニセ札が発見され、自動販売機や両替機でも識別できない、精巧なものもあるらしい。

事情通の極秘情報によると、自民党の某有力者の手で、日銀券の原版が持ち出され、それがある国の手に入って、大量に印刷されてしまった。この外国製の日銀券が国内に持ち込まれて、使われているために、ニセ札だと決め付けるのが困難だという風説もある。

それが二千円札が流通しなくなった原因だ、とも言われるが、五千円札や千円札でそれがなかった、という保証はないのである。

それ以上に重要な、日銀券の改刷りの理由として考えられるのは、耄碌《もうろく》した宮沢元蔵相〈元首相〉が、ふと口を滑らしてしまった、「旧勘定から新勘定へ」という、預金封鎖をにおわす発言である。それは銀行と郵便貯金に対し、新円切り替えを通じて、預金額の切り下げをする陰謀と、結びつく可能性が強いのだ。1万円の郵便貯金を下ろしに行くと、改刷りの紙幣6000円しかくれないという、一種の「デフレ新円」という、金融魔術のウルトラAのことだ。

戦後のインフレで預金封鎖と、新円切り替えが行われており、戦時国債や預金のほとんどが、雲散霧消した経験を持つので、日本人はインフレと預金封鎖を知っている。だが、それはインフレによって起こった、「インフレ新円」騒動であり、日本のエコノミストも学者も、「デフレ新円」については全く無知だから、その驚くべき破壊力は、誰にも予想できるはずがないのである。

「人の噂も75日」というが、8兆円もの税金を注ぎ込んだ、旧日長銀を10億円で、ハゲ鷹ファンドに売り払った、あの疑惑に満ちた、リップルウッドの教訓は未だ生きている。

それを再び狙って、日本経済の乗っ取りを考える外国の集団がいて、塩ジイさんがとぼけた顔で、如何にももっともらしい理由を並べ、野口英世や樋口一葉の肖像の導入を誇ったとしたら、身体障害者やウーメン・リブへの評価だ、と喜んでばかりはいられない。

命の次に大切なものが、現金や貯金だとしたら、虎の子を財務省の企みで失って、スッテンテンになった時に、日本人は一体どんな顔で、新しいお札の肖像を眺めることになるのだろうか。小泉内閣が口から出任せで、人気を保っている手口から言えることは、御用心、御用心、そしてまた御用心である。

【休憩室その2】

舎人から聞いた話だが、「塩ジイ」こと塩川正十郎が、財務相になった背景には、彼がロックフェラーと親しく、日米間の裏取引に関係し、それで任命されたらしい。中曽根内閣で文部大臣をやり、自民党宇野内閣の官房長官を始め、国家公安委員会委員長などを歴任しているが、経済部門での専門家とは、誰も考えていない人物だ。なぜ、そんな人が財務相になり、日本の財政をどう切り回すかは、一般の人には見当がつかないが、その背後にロックフェラーがいて、そのコネクションが決め手である。

実は、塩川家は河内を地盤にして、大阪方面の実業界に地歩を占め、祖先は和歌山の粉河《こかわ》にある、西国三十三箇所観音霊所の札所の第三番目に当たり、金儲けに縁が深い粉河寺院の大旦那だ。粉河は銅鉱山で財を成し、徳大寺で皇族と結びつく、住友家の本貫《ほんがん》（一族の出身地）に当たる町であるし、住友財閥の根は熊野一帯に張り、粉河は銅の採掘と深い関係を持っている。しかも、古河財閥の名前の出発点だし、古河は足尾銅山の公害で有名だが、日露戦争で大儲けして古河財閥を作り、古河鉱山、古河銀行、富士電機を傘下に収めた。古河銀行はみずほ銀行となり、富士電機は富士山ではなく、古河を和訓にした「ふるかわ」と、ジーメンスの頭文字の組み合わせで、その背後にロックフェラーがいる。野口英世が渡米して働き、色んなエピソードを生んだのが、ロックフェラー大学であり、その辺の興味深いエピソードは、阿片で知られた、星製薬の創立者の星一《はじめ》が書いている。

第三章　「誇大妄想と暴言に明け暮れた石原都政」〈第3回〉

日本の首都の東京を住みよくするための政治が、求められているのに、そのような都民の願いを、実現しようという努力をしようとはせず、人気を煽《あお》るためのスタンドプレーに明け暮れているのが、タカ派を売りものにして、東京都庁に君臨する石原慎太郎知事だ。２００１年春のダボス会議（世界経済フォーラム）に出席した石原知事は、「東京はかつて、共産主義者の知事のおかげで、開発が遅れた」と暴言を吐いているが、東京には共産党員の知事などいなかったし、石原知事になって、東京が住みやすくなったという記録はない。現に東京の地下鉄は、都営と営団の二つの異なるシステムがあり、縄張り争いで都民は迷惑をこうむっているのに、利用者にとって、不便この上もない状態が改められず、この既得権確保による、迷惑行政は放置されたままだ。

また、毎日の都民の生活が便利になることが明白だのに、東京の交通の動脈である、地下鉄や高速道路が、皇居や青山御所の下をトンネルで、通過できないので、わざわざ迂回《うかい》させせられているのは、首都の機能にとってガンだし、都市計画上も大欠陥であるが、こんな不都合の解消に、都知事はナゼ努力しないのか。

大江戸線の設計ミスは、前任者の責任かもしれないが、蔵前駅で同じ都営線に乗り換えをするのに、地上に出て道路を横断歩道で渡ってから、再び地下に潜るというお粗末さ加減は酷《ひど》いものだ。こうした利用者の便利性を、全く考慮していない支離滅裂な方式は、徹底的に反省して直ぐに改める必要がある。それに加えて、都営地下鉄は出入り口から、ホームまでが長く、乗り継ぎや乗り換えがとても不便であり、利用者が使いやすいように、設計されていると思えない。こうした問題の解決を急ぐ必要性は、お台場にカジノを造ることより優先ではないだろうか。

しかも、石原知事は都の首長で、日本の首相ではないのに、自分が国政を任されて、国策を動かす責任がある、と錯覚しているかの如く振舞う。そして、「憲法九条を廃棄して、正規の軍隊を整えるべきだ」と主張したり、「日本はアジアをドル支配から解放するために、所有する米国債を売却した資金力で、大東亜共栄圏の円ブロックを創るべきだ」と発言しているが、都知事が幾ら錯覚に陥ったにしても、大統領になった妄想を抱いては、いけないのである。

日米安保条約に基づいて、日本と米国の政府の間で契約し、外交的な取り決めで存在している横田基地に対し、人気集めの思いつきで返還を要求したが、自分の役割を逸脱したことにも、無自覚な極楽トンボ知事は、横田基地が在日米軍の総司令部（GHQ）であることも知らず、実にお粗末な外交感覚の、持ち主であることを露呈した。しかも、自分がオッチョコチョイだと気づかない都知事は、ドイツの「シュピーゲル」誌の取材に対して、「巨大帝国の中国が多くの小国に分裂すれば、もちろん良い。私はそれは大いにあり得ると見ている。日本はそうした展開を、全力で促進すべきだ」と発言した。それを受けた中国の外交部は、「この暴言は白痴が、夢物語を語ったに過ぎない」と切り捨てており、日本の首都に他国の政府筋から、「白痴」と呼ばれた人物が、都知事として再選されたのである。

閑話休題として20年ほど昔の話で、ロスの山田という事業家と親しくなり、素晴らしい国際感覚に感心したが、彼はトヨタのディーラーシップを持ち、加州で何軒も販売店を経営していた。彼は若い頃に自民党の青年部に属し、その頃は議員になる前の石原慎太郎の仲間で、慎太郎が利己主義の口先男として、人を騙したり裏切る様子を観察し、自民党に愛想を尽かしたという。そして、皆から代議士になれと言われたが、日本の政治に未来はないと考え、そうした話を総て断って、ビジネスマンになったという。彼の父親は山田久就《ひさなり》といい、イラン大使をやった外交官であり、岸内閣の外務次官として、60年アンポ改定の下準備を担当し、退官後は国会議員で政務次官をやった。だから、山田さんは世襲議員として有力だから、自民党としては取り込みたかったが、彼はそれを拒絶して、アメリカを舞台に、腐った政治を捨てて、事業に挑んだのである。

岸の外務次官をやったのに、外相になれなかった理由は、山田元次官は『べらんめえ外交官』の著者だから、愚劣な自民党幹部に忠実ではなく、それで敬遠され抜擢されなかった。代議士を辞めて外務省顧問になり、霞が関に個室を持っていたし、国際石油事情を知るために、息子の友達でオイルマンとして、山田顧問は私を招いて、話を聞こうとした。だから、私は外務省にはフリーパスで行け、彼と石油問題を茶飲み話としてしたが、彼が外務次官時代に試みた、皇太子（今の上皇）の渡米工作の裏話などをした。

そして、この元外務次官の口からも、慎太郎が如何に、国益を損なう機会主義者で、国民が虚像に騙されているかについて、嫌というほど聞かされたから、こんな男を都知事にした都民が、如何《いか》に愚かであるかを再確認した。破落戸《ごろつき》の浜渦を副知事にし、汚染で処分に困り果てていた、東京ガスの晴海の跡地に、数百億円の値段をつけて買い、「慎太郎バンク」の銀行経営で、１４００億円も血税を無駄遣いした。こんな不祥事を放置しているのだし、それが首都の東京であり、続く大阪の府知事や市長も、湘南の元太陽族に勝るとも劣らず、愚劣な利権屋たちだから、民度の低さは絶望的と言わざるを得ない。

【休憩室その３】

藤原　東京に来ていつも思うのは、地下鉄に営団と都営があり、この二つがシステムとして機能せず、とても不便で仕方がない。何とかならないのでしょうかね。

舎人　あの慎太郎にそれを期待しても無理です。あの男は自分のことしか考えず、東京都知事になった理由は、都民のためではなくて、天下を取りたかっただけですよ。大体、石原太郎の選挙地盤は、蒲田から大森にかけてで、あそこは昔の鈴ヶ森刑場があり、碑文谷《ひもんや》親分の縄張りで、いわゆる部落民が多いから、池田大作もあそこで地盤を作っています。

そんなこともあって、新井将敬と利害が対立し、石原は嫌がらせをしており、新井が朝鮮人だと虐めている。朝鮮人もたくさん住むから、孫正義もあそこで仕事を始め、稲川会に守られていたし、小塚原《こづかっぱら》刑場のあった三河島と並び、蒲田のあたりは東京のスラムだから、慎太郎には東京のことなどは、どうでも良いのです。

藤原　ぼくは神田の生まれの江戸っ子だから、あんな湘南のチンピラに、生まれ故郷を食い荒らされるのが、とても悔しいと思うんです。

舎人 よく分かります。だから、都民に目覚めて欲しいですね。

第四章　「日本の金融界で野放しになる不気味なニセ札の横行」〈第4回〉

新札発行と外国製の日銀券（ニセ札）の洪水の恐れを論じた、連載第2回の記事は、命の次に大事な財産と、財布の中身に関わる事柄ゆえに、多くの読者の関心を集めたようだったので、ニセ札を中心に再度この問題を論じることにする。

中央銀行の幹部から、匿名で届いた連絡によると、日銀券の原板がある国の手に入ってしまったという極秘情報は、ある国の名前が、北朝鮮だとはっきり分かった。しかも、何と不思議な一致と言うべきか、本誌の記事が出た翌週に発売になった、『週刊現代』２００２年４月12日号に、「衝撃スクープ・金正日のニセ札作り」と題した特集記事が出て、キャプションには、「推定７００億ドル18兆円」とあり、ニセのドル札の問題が、大きく取り上げられたのだ。

記事の中心は朝鮮労働党39号室の指揮の下に、北朝鮮がドルのニセ札を大量に刷って、世界各地で使いまくっていたが、最近では従来のものより遥かに精巧なドル札が作られ、経済テロの武器として、使われているという。それにしても奇妙なのは、週刊誌の記事が、ニセのドル札のことばかりを論じていて、日本円のニセ札に関して、全く論じていない点だ。

ドルのニセ札をばらまいて、経済テロをするなら、原版まであるという日本円のニセ札を作り、なぜ日本経済を攪乱《かくらん》しよう、と試みないのだろうか。この素朴な疑問に対して、答えを教えてくれたのは、ある経済紙の政治部に君臨する幹部だ。それは苦労して、ニセ札を日本に持ち込んでばらまくよりは、朝銀

などを使って、日本政府の公的資金を動かす方が、自民党や野党の協力を得られて簡単であるし、桁違いに大きな金額を獲得できるからだという。日本政府もメディアも、このやり方を使えば、問題を騒ぎ立てない、と読み抜かれているのだ。

朝銀や朝鮮総連を使う搦《から》め手《て》が、行き詰まった時に、いよいよ本格的なニセ札作戦が動き出すようであり、自動車産業より大きな、売り上げ高を誇るパチンコ業界は、現金取引で札束が行き交う檜舞台《ひのきぶたい》である上に、ニセ札取締りを担当する日本の警察が、パチンコ業界の用心棒として、天下りをする先だから、とても取り締まることは出来ないと見抜かれている。

それに加えて、日銀が二千円札の活用の準備を整え、意図的に流通させようと動き始めているが、自動販売機や両替機の対応が、なっていないだけでなく、長らく使い慣れない状態が、続いて来たために、日本人はニセ札かどうかを識別できなくなっている。実際に、二千円札の裏や表のデザインが何だったか、はっきり覚えている人が、果たしているだろうか。

このような緊張の欠如と、隙《すき》だらけの感覚は、政府の上層に外国の紐付《ひもつ》きが巣食っていて、国民の利益を考えるのを忘れて私益を築き、利権漁《あさ》りに明け暮れて来たせいなのだ。小渕政権が何のために、二千円札を出したかという疑問に続き、首相の突然死について、虎ノ門周辺で奇妙な噂が流れたし、密室での闇取引による、森内閣の誕生の後で、変人の小泉首相が突発的に、北朝鮮に出かけたりして、日本の政治は狂った軌道を驀進《ばくしん》して来た。

出たとこ勝負の連続の後が、ニセ札洪水ではかなわないが、それにしても、クオ・ヴァディスの心境になる。

【休憩室その４】

北朝鮮製の偽ドルに関しては、手島龍一の『ウルトラ・ダラー』が、ニセ札をめぐるストリーとして、興味深く読めたとはいえ、彼がＮＨＫのワシントン支局長として、９１１テロ事件を報道した時は、実にお粗末で情けなかった。あんなにうろたえた姿を晒《さら》して、トンチンカンなことを言い、問題が見えていないのに、それに気づかないのだから、恥もここに極まれるだった。報道はアナウンサーに任せて、冷静に情勢分析に励み、大局観を日本人に届けて、歴史的事件の証言を残すことで、ジャーナリストの任務を、果たして欲しかった。当事国の米国のテレビ局だって、マードックのＦｏｘを除き、ＮＨＫほど醜態を演じないで、まともな解説者が意見を述べ、それを司会者が調整したのに、知人の家で見た日本のテレビ報道は、野次馬番組だと痛感した。

　なお、この対談で話題になったので、私は二千円札を見せられ、舎人から記念に２枚新札を貰ったし、それをアメリカに持ち帰った。それにしても、その後この二千円札は流通せず、金融市場から姿を消したが、何のためにこの新札を発行したのだろうか。都市伝説としての話では、日本の現行硬貨の総額が、６６６円になるということに、秘密を解くカギがあるという。

第五章 「不透明な総裁人事の日銀を蝕《むしば》む満州人脈の亡霊」〈第5回〉

波濤《はとう》が渦巻く凄《すさ》まじい嵐の海原を漂っているのは、経験や見識が恐ろしいほど乏しい、小泉船長の腕が頼りの日本丸だ。丸投げ船長が思い付きで小細工を試みる度に、日本丸はダッチロールを繰り返して、右に右にと曲がり、船はいつ難破するのか、全く見当がつかない。

その後方に木の葉のように、翻弄《ほんろう》された救命ボートがあり、その脇腹に「日銀丸119号」という文字が読み取れるが、海に落ちたり水中からボートによじ登ったりで、ボート内にいる顔ぶれは、石原慎太郎と目まぐるしく変化しているから、果して誰が生き残るのか皆目分からない。

一度水中に転落してから、這《は》い上がった濡《ぬ》れ鼠《ねずみ》の人が、老いの疲れで波にさらわれた古い総裁に代わって、救命ボートの舵取《かじと》りを始めたように見えても、擢の漕《かいこ》ぎ手には頼りになりそうな顔ぶれがなく、日銀丸が救命の役を果たせるかどうかは大いに疑問だ。

これが「老いた専制君主」と呼ばれた、速水《はやみ》総裁の消滅に代わり、新総裁に就任した、福井俊彦元副総裁を迎えた日銀の現状だが、日本を救うことより省利党略ばかりが目立つ。

なぜなら、副総裁には財務次官だった武藤敏郎が就任し、竹中経済財政・金融相の部下だった、岩田一政副総裁とタッグを組んでいるが、この組み合わせ人事は何とも胡散臭い。

福井新総裁は5年前に、日銀過剰接待事件で引責辞任し、武藤副総裁も大蔵の接待汚職事件で、官房長を降されており、どちらも責任の取り方として焼け太りが目立つ。こうした不明朗な人事の蔓延《まんえん》を、放置するという点で、日銀は犯した過ちに対して、反省が不足している。

日銀の総裁人事は、1969年以来五年毎の慣行として、大蔵省と日銀の生え抜きのタスキ掛けが続き、1998年まで交互に就任してきた。だが、現職の吉沢証券課長の逮捕という緊急事態で、松下総裁と福井副総裁が、引責辞任をしたため、タスキ掛け人事を急遽《きゅうきょ》ストップさせて、民間に出ていた速水優日商岩井相談役を呼び戻し、三重野元総裁の推薦で総裁に迎え入れていた。

また、副総裁にはコイコイ（花札賭博）の達人の、藤原作弥《さくや》時事通信解説委員長が、橋本龍太郎首相の肝いりで就任したので、前代未聞の金融破綻に直面した事態に対応しない、この面妖《めんよう》なトップ人事に人々は眉をひそめた。

速水新総裁は余りにも老齢で、意欲が欠如したし、藤原副総裁は就任演説で、「金融はズブの素人」と発言した通り、金融危機に挑むには、全く不適任だった。満州派として三重野と繋がる藤原は、李香蘭《りこうらん》の手の者で、この女優を情婦にした甘粕正彦《あまかすまさひこ》の人脈に繋がるし、厚生のドンだった橋本龍伍の息子として、政治家稼業を継ぎ、首相になった龍太郎の妻の久美子の近親には、阿片製造に関係を持つ、南満州製薬の山内三郎社長が顔を連ねていた。

三重野人脈が君臨した、過去5年間の日銀は、指導性と反省の欠如で追放者の復活を許し、福井新総裁が三重野元総裁の声援で誕生した。しかも、武藤副総裁の妻の父親は、橋口収元大蔵省銀行局長で、それが上海や南京で暗躍した、福田赳夫元首相に続き、更に福田康夫官房長官にと係り結んでいる。こうした日銀のトップ人事の背景には、甘粕正彦や岸信介の亡霊に、連なる系列が透けて見えるが、満州人脈から本当に、自由なのかどうかが気になる。

【休憩室その5】

日銀については舎人から多くを学び、ここにそれを纏めて見たが、日銀に関しては多少知っていたのは、副総裁になった藤原作弥が、かつて読者として友人で、飯野ビルの5階の店で、よく昼食をして話したからだ。その頃の藤原記者は時事の経済部で、日銀担当の記者であり、彼が編集した「日銀ナントカ」というレポートが、アメリカまで届けられた。だが、取材記者だった彼が、ある日突然に副総裁に指名され、それを受けたと知ったので、それ以来は付き合っていないのは、新聞記者が権力に連なり、出世するのは如何《いかが》わしいからだ。また、その遥《はる》か前のことだが、彼が送ってくれた著書には、病気で入院していた時に、山口淑子《よしこ》（女優の李香蘭）と出会い、意気投合した情景が描かれ、彼が満州人脈だと分かったからだ。大連生まれの藤原作弥が、李香蘭と結びついたなら、三重野の人脈になったことは、バカでも分かることであり、孔子も「鬼神」に近づくなと言うではないか。

しかも、大蔵省から来た武藤敏郎は、東京オリンピック組織委員会委員長として、森喜朗の子分になった上に、スイスとイタリアの国境で、13兆円の米国債の不法所持で、二人の日本人が逮捕された、「キアッソ事件」の裏にいた人間である。この事件は日本では有耶無耶《うやむや》になり、誰も問題にしなくなったが、欧米では疑問視する人が、トップレベルの中に多くいて、日本人の信用を損なっている。だから、東京オリンピックの開催の背後に、日本のアングラ勢力がいて、東京大会はギャング競技で、汚れ果てたものだと言われている。現に、東京への招致に賄賂《わいろ》が使われ、安倍が放射能の汚染水について、大ウソをついたことに、知日派の外国人は激怒している。また、フランスの検察当局の追及を恐れて、ＪＯＣの竹田前会長が逃亡し、責任回避した卑劣さが、日本人には武士道精神がないと、世界中で嘲笑《ちょうしょう》されている。

第六章

「詐欺師もどきが采配《さいはい》をふるう日本の金融と財政」〈第6回〉

当てにならない人気を頼りにしている小泉内閣は、目先だけの場当たり的な政策に終始して、日本を未曾有の破滅の淵《ふち》に追い込んでいる。メチャクチャな対応の丸投げと、思いつき人事は、外交のイロハも知らない、田中外相の任命で、識眼力のなさを露呈して、首相の恥さらしになった。

より致命的で見当はずれだといえる閣僚人事は、小泉に似て舌先三寸で世渡りを続けて成り上がり、日本の金融と財政の責任者に納まった、竹中平蔵が経済財政政策担当相に、就任したことであった。

この無責任なお調子者に、経済の舵取りを任せて、デタラメな思い付きを放置したために、不況の中で日本経済は、徹底的に体力を損なってしまい、赤字国債は返済不能の状況に陥ったままだし、実質的に全銀行が、不良債権の山で破綻《はたん》状態である。

最近あったりそな銀行の国有化にしても、支援と称して税金をばらまいて、浪費しただけだったが、金融界の現状は破綻したのも同然であり、それを救済という名目で誤魔化した手口は、詐欺師のやり方よりも、悪質だと言えそうである。

そういえば、２００３年の５月16日の自民党の総務会で、前年度の国内総生産（GDP）の実質値を論じて、竹中が「実体経済は予想値より高めだ」と発言した時に、野中元幹事長が、「デフレ時代は名目値が本当で、責任逃れも甚だしい。詐欺師ではないか」と指摘した。また、堀内総務会長も「経済界なら粉飾決算だ」と痛烈に批判したが、得意にした舌先三寸の出任せで、御用学者に成り上がったにしても、曲学《きょくがく》阿世《あせい》の竹中名人（迷人）の信用はガタガタだ。

中曽根内閣時代のご用学者として名を馳《は》せた、加藤寛《ひろし》慶大教授の愛弟子として御用学者を受け継ぎ、政府委員として小渕や森の内閣に仕えた竹中は、手癖と尻癖の悪い教授として悪名が高かった。

同僚と言ったら失礼だと、金子勝慶大教授が怒るだろうが、金子教授は竹中先生の虚言と素行の悪さを指して、「竹中平蔵氏のような人物が大臣なのは、大臣らしからぬスキャンダルばかりで、無責任体制の象徴だ。マクドナルドから株を貰い、住民票を米国に移したりで、これは外国なら間違いなく、大臣更迭です」と手厳しい。

実際、竹中はマクドナルドの未公開株を、１５００株ほど入手して、リクルート事件の時と同様に、濡《ぬ》れ手に粟《あわ》を摑んでいるし、教授時代には慶応ボーイの金持ち人脈のコネで、ケイマン島を本拠にしたファンドに売り捌《さば》き、コミッションを稼いだという黒い噂も流れた。

竹中がビバリー何とかに所有する別荘が、脱税用の住居だと考えて、調べている週刊誌の記者もいるそうだから、そのうちに大問題になるだろうと思うが、財務の監督者が脱税に精を出すのでは、かつて中島義雄大蔵省主計局次長が犯した脱税と同じで、税金を扱う責任者として示しが付かないではないか。

インターネットで関連の記事を検索したら、次のような狂おしい歌詞を発見した。

♪　日本の、景気の、息の根を、

摑んで、儲ける、大臣あり、
悪化の、一途を、見て笑う、
竹中平蔵、なぜ、出てきた。

この替え歌は日本人なら誰でもが知っている、「仰げば尊とし」のメロディーで歌えるようだが、狂歌や替え歌が庶民の間に流行《はや》る世相は、暴政による閉塞感《へいそくかん》が支配する時代を象徴している。

【休憩室その6】

破廉恥な「ノーパンしゃぶしゃぶ事件」で、大蔵省は空前絶後の恥を晒し、100年以上もの伝統を持つ、大蔵の名前を召し上げられ、財務という名前に降格されて、金融庁を分離させられた。この大蔵の木っ端役人に、私は出版妨害を受けたために、東京新聞で出版予定だった、『石油と金《きん》の魔術』を私家版の形で、出版した苦い思い出がある。

その妨害工策をした役人は、主計次長だった中島義男で、彼は汚職で免官になってから、京セラの稲盛に拾われたが、経緯は『夜明け前の朝日』に、具体的に書いたので参照されたい。彼は渡辺美智雄の子分で、M資金に関係した役人として、大徳寺の立花大亀《たちばなだいき》を始め、山口組とも繫がっており、戦後の裏の世界で動いた、懲りない面々の一人である。

この本に大平正芳《おおひらまさよし》を始め、竹下登や佐藤寛子の印鑑証明が、3兆3000億円の金額と共に、還付金支払保証書として、コピーが掲載されており、見る人が見れば大鉱脈だ。だが、日本のメディアの眼力では、パズルの断片で全体図は描けず、政界や財界のゾンビたちに、鉄鎚《てっつい》は下されることはなく、日本はゾンビの楽園になった。

竹中平蔵の手癖が悪く、如何にインチキ男かは、『小泉純一郎と日本の病理』に、そのケチ臭い手口が、如何にお粗末かについて、次のように書いてある。

「……竹中平蔵が「外資の手先」をやるほどの能力もないのは、彼の蓄財術を見れば明らかだ。彼はこれまで東京財団の理事をしたり、日本マクドナルドの社外重役をしたりして、イージーマネーを稼ぐのに汲々《きゅうきゅう》としてきた。この東京財団というのは、日本船舶振興会がつくった、日本財団がフロント機構として利用しているところだ。

それにしても、竹中の住民票操作による、税金逃れという蓄財術に至っては、そのセコさに唖然《あぜん》とさせられてしまう。『週刊ポスト』(2001年8月11日号)の記事によると、慶応大学助教授時代の竹中平蔵先生は「1月1日に日本に住んでいなければ、住民税は支払わなくてもよい」、と同僚たちに吹聴していた。

そして、ハーバード大学の客員准教授の地位を利用して、日本とアメリカの間を半年毎にせっせと往復することで、税金を払わないよう太平洋上での戸籍の移転を実行していたのである。その履歴は次のとおりである。

1989年 7月 に米国に転居

1990年 4月 に東京に転居

1992年 7月 に米国に転居

1994年 6月 に神奈川県藤沢市に転居

1994年　10月　に米国に転居
1995年　5月　に神奈川県藤沢市に転居
1995年　11月　に米国に転居
1996年　3月　に神奈川県藤沢市に転居

果たして、これが税金を扱う監督官庁において、その最高責任者がする蓄財術であろうか？　こんな幼稚な手口が、経済学者が考える節税法だろうか？　この問題を国会で取り上げた民主党議員が、納税証明書の公表を求めたのに対し、竹中大臣は「アメリカでは閣僚の納税証明書の公表が義務付けられているが、日本ではそうではない」という屁理屈《へりくつ》を言って、公表を拒否した。あきれ果てた話である。この程度の人間を外資が本気で「代理人」にするわけがなく、せいぜい「使い走り」にすぎないのが妥当であり、同じ意味で、小泉の「聖域だらけ改革」の使い走りであろう。……」

この記事を書いた時から、15年が過ぎた時点で、安倍晋三に食い込み、竹中は「ドブ鼠」に成長して、パソナの会長になり、派遣社員をメシの種に、奴隷商人的に荒稼ぎしている。

強盗、石川五右衛門。強盗でも切手になる国なら、脱税先生でも財務担当相になっても不思議ではない

浜の真砂は 尽きるとも 世に盗人の 種は尽きまじ。may disappear、but the makings of thieves never shall

第七章　「鉄火場バクチで税金が雲散霧消する愚行を糺《ただ》す」〈第7回〉

夏場は気温と株価が、高い方向に動くのであり、冬に向けて冷え込むのが自然の摂理だし、景気の下降期における、中間的な株価の上昇は、いずれ頭打ちで下げ相場に戻ってしまう。ニューヨークの株価は、夏場の熱気で一息ついたが、アメリカ経済は既に、断崖の縁に立っていて、ダウジョーンズは未だ高値の7割を維持しても、ナスダックはもはや3割に目減りしており、激減した日経ダウに肉薄しようとしている。

一般に株式の価格は投資家の心理を反映して、期待感と不安感の綱引きだ、と言われているが、デフレの時期は、高騰を期待する余地はない。しかも、ダウジョーンズは4500が均衡点になるとか、日経ダウは5000円を切るとの予想もあり、総てがアメリカの景気次第で、実に頼りないから、投資家や経営者は生きた心地がしない。

それにしても、株価は経済活動の大まかな指標に過ぎず、体温計をこすって体温を高めるのに似て、株価の人為的な操作は、愚の骨頂である。むしろ、病人が体力を付けて、元気になることが肝心だし、問題は株価ではなく、経済の健康の方である。

相沢英之が座長の金融政策プロジェクトチームは、株式を買い入れる公的機関の創設と共に、郵便貯金を使う、国内株式運用額の拡大を軸にした、緊急の金融対策の実行を政府に強く要求した。だが、目先の利害で盲動する政治家は、株価低迷を心配して、全く見当はずれの、対応策を講じようと試み、それが税金の浪費に、終わることに気づかない。

日経平均が８０００円を割ると、小泉内閣が持たないので、その回避に日銀は４兆円を５月に注入して、ミニバブルによる、株価の１万円の突破を試みた。これは東証の１週間分の商い金額であり、株は市場に任せて介入すべきではないのに、税金で株価を一時的に、引き上げる気休めを指して、それを需給対策と呼ぶのだから能なしである。

相場に手を出し失敗して、破産する破目に陥り、自殺したり一家離散する話は腐るほどあって、昔からバクチは身を滅ぼす、と言われている。落ちぶれれば落ちぶれるほど、一攫千金《いっかくせんきん》を夢見て、今度は絶対に運が巡ってくると思い込み、有り金をすべて注ぎ込むのは、賭け事の常であるが、国を挙げて愚行に走れば断末魔である。

日銀は既に銀行株を3兆円余り保有するのに、更に4兆円も株式市場に投入すると分かれば、損する危険がないと考える、グローバルファンドは、日本株の買い占めの上積みで、現物を確保するはずだ。そして、秋の冷え込みを狙って、先物を売ることで、かつてソロモン・ブラザーズが、大儲けした事件と同じで、二匹目のドジョウを狙うに決まっている。

政治家や官僚がヤクザ絡みの利権漁りを行い、暗黒街の住人たちの政界進出も目立つが、どこまで国家を食い荒らせば気が済むのか。

日銀の新総裁に就任した福井俊彦の経歴は、ゴールドマンサックスの顧問団の一員として、相場にも関与した過去が明らかだが、札を刷る日銀をバクチに引きずり込んで、列島を鉄火場にする愚行は願い下げである。

【休憩室その7】

鉄火場好みのアメリカ人が、投機的な株式を選ぶのに、歴史を持つヨーロッパは、保守的な債券市場を好み、異なるように見えても、本質的には共に賭博である。経済学が詐欺の指南書で、ババ抜きの経典だくらいは、洞察力を持つ者には明白だのに、それが見えない人が集まり、経済学者が群れを作る。その極致の芸術が保険であり、必ず儲かると見ぬいたのが、英国の物理学者トーマス・ヤングで、彼はヤング率で有名だし、暗号解読や謎解きの名人である。

１９８４年に『無謀な挑戦』を出し、私は執筆時にヤングを学び、カナダ最大のドーム石油の倒産が、エンロンに先立つと理解し、石油公団が８００億円失い、通産大臣が国会で謝罪した。国会における議事録は、この本に付録で付けたが、大蔵省や日銀の幹部には、拙著を理解する者は皆無で、相場の操作に一喜一憂した。だが、博打はポケットマネーで遊び、公金を使うものでないが、それが分からない役人は、政治家に忖度《そんたく》して相場に賭け、国民の富を浪費し続けた。

プチフォーンの小渕首相は、野菜の「かぶ」を支え持ち、株よ上がれと絶叫したが、幼稚園児並みの御遊戯が、首相が果たす役目だと、思ったのならお目出たい。小渕は百兆円をばら撒いて、興奮状態で死んでいるが、小泉は郵政のカネをハイエナに貢ぎ、日本の企業を叩き売り、自民党を壊す代わりに、日本の経済力を疲弊させた。日本衰退の元凶は小泉で、プレスリーの館を訪問し、ロカビリーを踊って顰蹙《ひんしゅく》を買い、日本の誇りを傷つけたが、湘南海岸のチンピラに、国の舵取りを任せるなら、こんな結果しか生まれないのである。

注記：この記事を書いて20年が過ぎ、日経ダウ5000円の仮説が、大袈裟に見えるかも知れない。だが2020年の新型コロナによる不況は、その二番底として5000円まで落ち、それが日経ダウの運命になれば、この記事の持つ意味の価値が四半世紀後に証明されたことになる。

第八章　「自衛隊を七面鳥にする自民党と公明党の犯罪」——イラクへの派兵という小泉内閣の愚行のつけ〈第8回〉

無責任な丸投げ政治を繰り返したことで、経済を支離滅裂な状態に損なってしまった上に、「イラク特措法」の審議打ち切りと、強行採決をして、パパ・ブッシュ政権の覇権主義に、忠誠を誓う小泉内閣は、悪魔に日本の運命を売り渡したも同然だ。「大量破壊兵器」の予防である、というデマをばら撒き、「イラクの解放」という口実で、侵略戦争を仕掛けて、石油を略奪するために占領する米軍の労務要員に、自衛隊をさし出すのは、奴隷商人的である。

「殺すかも知れないし殺されるかも知れない」、と一時しのぎを言ったり、「どこが非戦闘地域か、私には分からない」と開き直って、実に無責任な問題意識を露呈した小泉首相は、自衛隊員の命などは、虫けら同然だと思っているようだ。それは秘書官を小僧や女中扱いして苛《いじ》め抜き、外務省の機能を目茶苦茶に壊した、田中真紀子前外相の狂乱より悪質である。

米国も英国も軍隊の構成は、志願兵であるから、貧しい白人（プアーホワイト）とマイノリティが主体であり、徴兵制にするのは、政治的にも困難である。

米軍の総兵力は最大でも、50万人が限界であるし、既に15万人をイラクに派兵済みだから、交替要員の補充にも、困難をきたしている。現に米軍の兵隊が、ガラビア（アラブ衣装）で変装して、トルコやシリアに逃亡する闇市場があり、商売として繁盛しているという、中東情報があるのに、日本のメディアはアメリカ情報の垂れ流しをするだけ。

何しろ連日のように、米英軍の兵隊たちは侵略者として、イラク人の抵抗を受け、1日一人平均のGIが、レジスタンスで殺されているし、その何倍もの負傷者や、病人が続出しているために、アメリカは兵隊不足で、途方に暮れている。

そこで金が欲しい貧乏国に、派兵の呼びかけを行い、ホンジュラス、イタリー、ポーラド、ノルウェー、ハンガリー、エストニア、韓国、フィリッピン、モンゴールなどが、軍資金の供与と引き換えに、派兵を決めているが、その末尾に費用を白己負担する日本が連なった。

経済的に苦しいインドやトルコでさえ、金に身を売るイラクへの派兵を断って、独立国しての衿持《きょうじ》を貫いたというのに、戦後の復興計画のおこぼれに、あやかりたい日本は、属国として米国に盲従するだけである。

イラク占領のコストは、月に50億ドルであり、占領が長びけば資金不足のしわ寄せとして、日本への圧力が加わるに決まっている。そして、イラク人が狙う狙撃《そげき》や爆破の標的として、七面鳥の役割を自衛隊員が、押しつけられるに決まっており、幾ら米国政府に「サンクス・ギビング」、と感謝されても、哀れな犠牲者に救いがあるはずもない。

自民党と公明党が行った悪魔の選択は、両党の支持基盤層への裏切り行為であり、自衛隊員の犠牲者が増えることによって、怨念《おんねん》の炎が党を焼き焦がすことになる。

なぜなら、志願兵である白衛隊員を供給しているのは、農家の二、三男や、都市の下層階級が主体だからだ。善良な農民や創価学会の構成層を裏切り、隊員の人権無視で、幹事長として国会を操作し、天に唾《つば》した山崎拓と冬柴鐵三の鉄面皮の暴挙は、小泉純一郎の恥知らずの、売弁政治と共に罪が重い。

【休憩室その8】

藤原　小泉がアメリカに誑《たぶら》かされて、愚かな人気に有頂天になり、憲法の精神を踏みにじる形で、火薬庫の中東に派兵を強行し、自衛隊員を殺そうとしているが、貴方の周辺ではどうみていますか。

舎人　無知ほど恐ろしい物はなく、口は災いの元だということです。小泉首相の言葉は意味不明であり、「どこが非戦闘地域なのか、私には分からない」というような、無責任な発言をすることは、とても許されるべきではない。それに、立法権、行政権、司法権があって、今は三権分立が確立して、統治が行われていますが、戦前はそれに統帥権があり、政体は三権を担当しました。また、国体は統帥権と外交権を持ち、それぞれ人材を育成して、政体と国体が協力したのに、今は無責任で無能な大臣が、統帥権や外交権も分からず、出たとこ勝負をしているから、初めから勝負にならない。

藤原　絶望ですね。

舎人　絶望以下ですよ。……

中学一年生だった時に、映画鑑賞があって、「少年期」という映画に、「君死に給うことなかれ」が登場し、国語の先生に聞いたら、黒板に与謝野晶子の詩を、書いてくれた日が懐かしい。

ああ弟よ　君を泣く
君死にたもう　ことなかれ
末に生まれし　きみなれば
親の情けは　まさりしも

親はやいばを　握らせて
人を殺せと　教えしや
人を殺して　死ねよとて
二十四までを　育てしや

宇宙を寓意化した五輪塔

第九章　「亡国政治の蔓延と経済メディアの堕落」〈第9回〉

日本の健全な経済活動を注意深く見守って、政治の不審な動きを監視して来た経済誌には、毎週刊行され報道力と、分析性を誇るものがあって、

1に「東洋経済」

2に「エコノミスト」

3に「ダイヤモンド」

と格付けされ、社会の中堅層から、強い信頼を集めてきた。

なぜ過去形で書いたかと言うと、そんな信頼と使命感はバブル経済の中で雲散霧消したからだ。

三大週刊経済誌を後追いする形のものとしては、「財界」「財界展望」「実業の日本」

「財界にっぽん」「経済界」等の経済誌もあるが、業界誌の性格が強く。時間的に4倍も速度が遅いので、企業の内情やスキャンダル情報に強みを発揮し、一定の読者層を引き付けて愛読されている。

経済的な躍進が目覚ましかった、1960年代末になって、日本経済新聞が「日経ビジネス」を創刊しているが、幾ら日経がバックでも、三大経済誌に太刀打ち出来ず、最初の頃は日経特有の、会社をヨイショして、中堅を持ち上げる記事が目立った。そして、その中堅が昇進すると、広告や取材記事が増えることになり、カラー写真満載の豪華版の経済誌に成長した。

更に、米国のダウジョーンズや、マグロウヒル社との提携で、本場の経済誌の作り方を学んで金儲け主義に徹し、「日経ビジネス」は派手な企画を使って攻勢に出て、古い体質の三大経済誌を、豪華さで圧倒したのである。

それに煽られて、最初に転向したのが「ダイヤモンド」であり、星野や石山という歴代社長が築いた、親米路線の伝統もあって、内容も企画も「日経ビジネス」の模倣に終始し、アート紙を使い内容よりも、レイアウトで勝負したので、優秀な編集者たちが、バブル期に次々と辞めて行った。

「エコノミスト」は、毎日新聞の記者が持つコネを生かし、経済学者の他に政治学者や社会学者に、誌面を提供したことで、鋭い分析や深みのある解説で、良質な読者を誇ったが、バブル経済と共に調子を狂わせて、土地や株の記事が増え、もはや曾《かつ》ての栄光の面影を留めていない。

過去10年以上にわたり、雑誌の顔の「巻頭言」に、「敢闘言」というザレごとを延々と掲載して、小言を並べ立てて得意になっているが、巻頭では大局を見据えた、「天下国家」を論じるべきだ。巻末が相応《ふさわ》しい、小言のゴタクを読まされたのでは、心ある読者は逃げて、夜店の冷やかし客だけが増えるばかりだから、経済誌として凋落《ちょうらく》したのは当然である。

アメリカ式の草の根民主主義に、親しみを持つが、ヤンキー流の貪欲《どんよく》な拝金主義から は一歩離れて、英国のリベラリズムを理想にした「東洋経済」は、石橋湛山《いしばしたんざん》の合理思想の伝統を誇りにしたので、最後まで王者としての貫禄を維持し続けた。

それでも、バブル経済が狂乱化した、80年代後半になると、「日経ビジネス」に屈した、「ダイヤモンド」や「エコノミスト」に負けないために、「東洋経済」もスタイルを商業主義に、塗り替えてしまった。

こうして日本の三大経済週刊誌は、凋落してしまったが、それは編集長のサラリーマン化で、自己規制が進み、政治や経済を正面から、批判する姿勢を失い、権力者のしたい放題の放置に繋がったからだ。

その結果、政界も財界も上層部は、無能人間の巣窟《そうくつ》になり、日本は赤字国債の山と金融破綻による、混乱を繰り返して、絶望的な亡国の危機を、招くに至ったのである。

【休憩室その9】

私の処女作は『石油危機と日本の運命』で、出版を10社以上も断られ、出るまでに2年以上も掛かり、最初の半年で800冊しか読まれず、バカなことを言うなとけなされた。だが、半年後に中東戦争が起き、石油ショックに見舞われ、10万部売れベストセラーになり、新聞記者が取材に来て、発言の機会が舞い込んで来た。お陰で記者が読者になり、人脈が出来たこともあって、三大経済誌はもとよりだが、総合誌に書く機会が生れ、多くの人とも知り合った。

そして、この体験で分かったことは、外見では同じに見えるが、人材の質で雑誌に格があり、三大経済誌の間でも、１に「東洋経済」２に「エコノミスト」３に「ダイヤモンド」の格付けが出来た。そこで私のやり方として、「東洋経済」は匿名座談会、「エコノミスト」は論調、「ダイヤモンド」は対談に決め、どんなに頼まれてもこの枠だけで、自制に徹することに決めた。

相手に迎合したり受注すれば、見ず転芸者と同じになり、能力の切り売りになって、カネや名誉のご用人になるので、寄稿を原則にしたのは、欧米ではプロはそうするからだ。

私の親父は、芸人や記者は河原乞食だと言ったが、フリーランスならプロで、恥じることはないと考え、肩書や地位ではなくて、問題意識と品格で勝負し、量より質を考えて判断した。だが、社長や編集長の中には、生意気だと腹を立て、縁が切れた人も多いが、フリーランスは雇われ人ではなく、プロとして単独行者の行動をする。昔はものを書くのは貴族で。カネを貰うことは考えず、必要だから書いたので、時間に支配されないし、多忙は奴隷で心を亡ぼす。

魏徴（諫議大夫）。人生意気に感ず
功名誰かまた論ぜん

第十章 「腰抜け大手ジャーナリズムと行方不明の批判精神」〈第10回〉

金融破綻の責任を口先で、誤魔化す竹中金融相や、川口外相に対米隷属外交を丸投げして、人気だけを頼りに、政権維持に励んだ小泉政治は、漂流する日本の将来を真面目に考える国民に、不安と焦燥の気分を与えただけだ。

日本経済をメチャクチャにした、小泉政治を放置し続けるのは、礼賛的なタレント体制に追従する、メディアであるが、とりわけ批判精神の喪失が酷いのが、朝日、読売、毎日の三大新聞である。

それに続く日経は、別名を野村新聞と言うように、財界の提灯《ちょうちん》記事と財務省の御用新聞だから、記憶に新しい鶴田社長の不祥事で露見した通り、100%子会社との架空取引に、手形を乱発したりして、とても公器の名に、値する新聞とは言えない。

読売は人民日報なみの発行部数を誇っているが、社長のナベツネは、日本版のネオコンの典型で、共産党から転向して、右翼の児玉誉士夫の弟子になり、中曽根と組んでバブルを煽って、日本経済を狂乱から破綻に導き、読売の支配者に成り上がった利権記者である。

パートナーだった中曽根が、老害で政界を引退したのに、ナベツネは死ぬまで、権力を手放したくないらしく、中川昭一が経済産業大臣に就任した、祝賀会の席上では、「小泉と竹中はダメだが、福田と亀井は期待できる」と怪気炎を上げ、亡国政治の音頭取りを、喜々としてやっている。

サンゴ事件で、読者の信頼を裏切った朝日は、読売に抜かれてジリ貧状態に悩んでいるから、コストに見合った、内容の新聞を作れという、箱島社長の逆算の発想という、珍妙な路線のために、社内は追従と右顧左眄《うこさべん》の空気が蔓延している。記者は萎《い》縮《しゅく》して、まともな取材も発言も出来なくなり、気骨の有る記者は、定年や転職で姿を消したので、デタラメ政治を批判する気力は、雲散霧消しているから、記事に漲《みなぎ》る閉塞感しか、読者には伝わらない。

破産同然で経営に、四苦八苦する毎日は、社会部主導の自立か取材の伝統を守ろうとして、創価学会の機関紙の印刷で、食い繋いでいるが、写真部の記者が起こした、アンマン爆発事件のために、斎藤社長は事後処理に、忙殺されて疲労困憊《こんぱい》で、社内の士気は悲惨、というしかないほど低下している。

これが変人の小泉船長が、操る日本丸における、三大新聞の腑抜《ふぬ》け同然の哀れな姿であり、批判精神や鋭い洞察は薬にしたくても、全く感じないから、若者は新聞を買って、読みたいとも思わないのである。

そんな中で唯一だが批判精神を紙面に生かし、他紙にはない取材とコメントを連載して、歯切れの良さで時代の閉塞感を破っているのが、「特報」という欄を持つ「東京新聞」である。

『さらば外務省！』では戦争批判の「意見具申」が理由で、首になった天木直人駐レバノン大使を扱い、「たった一人の反乱」の内容を紹介して、卑劣な外務省と小泉政権を批判した。

「ギャンブル都政の石原知事、打った政策スカばかり」という題の記事では、文春などが首相にしよう、と懸命にヨイショしている中で、三大紙は石原都政のデタラメさに沈黙するが、東京新聞は「東京をダメにしている。行政能力はゼロ」とか、「石原氏の政策はオリジナルなものは何もない。最近の無責任発言は余りにも下劣な、彼のメンタリティーが露呈した」という、識者の発言を活字にしている。何と江戸っ子的で痛快な筆法ではないか。

【休憩室その10】

『日本脱藩のすすめ』の中に、確か書いたと記憶するが、アメリカ時代の私の壮年期は、朝日と日経を購読して、2週間ほど山積みにし、新しい方から読む方法を使い、10年ほどそれを続けた。お陰でベタ記事が浮き出し、小見出しで内容が分かり、一紙が3分で読破出来て、新聞や本はスキャンするだけで、読み終わった時には、内容をすっかり忘れた。そのうち新聞を読まなくなり、新聞記者と食事を共にし、意見を交換する方が、断然というほど面白くなり、読む本は古典に偏向した。

そんな頃に『べた記事恐るべし』を書き、サイマル仲間の佐藤毅さんが、東京新聞の編集局長になり、編集局立ち入り自由という、有難い遊軍の許可をくれた。そこで社員のような顔で、通用門から出入りして、編集作業の感じをマスターし、同じ待遇を「英文日経」でも、大原進編集長から受け、日本語版のダメさ加減が、嫌というほど理解出来た。

それでも、2000年頃の記者には、夜討ち朝駆けをして、スクープを狙う者もおり、調査報道が健在で、新聞に批判精神があり、掘り下げた解説記事もあった。だが、20年が過ぎた現在は、記者がモニターの前で、他社の報道を眺めており、足を使った取材をせず、役人の発表を記事に、仕立てるだけのモノが多い。

こんな状態だから、ネット記者に取材力で、差をつけられてしまい、基礎体力の衰えにより、新聞が面白くないから、購読者の激減によって、新聞の存在感がなくなっている。記者クラブに慣れ親しみ、閉鎖的な環境の中で、談合が支配しているから、批判精神が消滅して、ジャーナリズムが死んだが、絞殺したのが小泉時代だった。

第十一章　「無いカネを貸して経済破綻《はたん》を招く亡国路線を糺《ただ》す」〈第11回〉

ブッシュがイラクに侵略戦争を仕掛けて以来、アメリカ経済は悪化の一途をたどっており、垂れ流し状態のドルから、ユーロに資金が動いているために、ドルは世界の投機筋から、売りの対象となっている。それが続けばドルで築いた、通貨体制は崩れ去り、アメリカ帝国の世界支配が、行き詰まってしまうので、財布役である属国日本の小泉内閣に対し、破滅からアメリカの国益を守るために、日本の持てる力を総べて、差し出せと指令が出た。

もちろんこの指令は、隠密便で届いたものだが、日本人が惰眠を貪っていた間だから、東京証券市場において、何が起きたかについては、気づいた人は余りいない。だが、秘密の動きであっても、現象面に影響を及ぼすから、外貨準備の黒字が予想以上に、大幅に増加したのであり、外国人の買い越しが激増し、株価が3割も上昇したので、景気の底入れがあった、との幻覚までが発生した。

しかし、これは笠信太郎《りゅう》が落語の「花見酒」だと指摘したように、タコ足によるインチキ取引の「花見酒経済」であり、落語ではカネと酒のやり取りだった。だが、外貨準備を使った花見酒経済は、三角関係であり、財務省、日銀、米国の財務省がトリオを組み、その取引の核心は、外貨準備を使って米国債を買った。アメリカは金利を払って、借金を大幅に増やし、赤字の財政を辛うじて、回転させている仕掛けだから、米国債の実態は借用証書に他ならない。

日本は何十年かにわたって、米国に金を貸し付けてきたので、積もり積もった600億ドル（70兆円）の外貨準備は、その8割が無担保で貸した、カネの借用書である。だから、日本の財務省としては、米国債を抱え込んでいるが、米国の借金は全世界で、その8倍もあるのだから、紙切れの山に過ぎない。

ここまではよく知られていることである。だが、赤字国債を800兆円も抱え込んだまま、国内総生産高（GDP）の2倍もの、借金に喘《あえ》いでいるのに、なぜ破産同然の日本政府がカネを貸すのか、納税者の国民は知る必要があるが、誰も答えを知らないし説明も行われない。

実際に花見酒の錬金術を使ったインチキが、財務省と日銀の間の取引で行われているし、それが日本の運命を、大きく損なっているのに、政府は事実を知らせたくないのだ。米国債と引き換えに、カネを貸しているのは、外国為替会計を運用している、財務省であるが、貸すカネはないから、「為券」と呼ぶ借用書を使っている。

しかも、この短期国債で日銀から円を借り出し、その円で財務省はドルを買い集めた上で、借用書と引き換えに、米国債を受け取っている。この借用書のたらい回しの、インチキ取引により、日銀は既に１００兆円の国債を保有している。そして、財務省も米国債の名の、70兆円の借用書を持ち、福井日銀新総裁の就任から1年足らずの間に、財務省は15兆円近いドルを買い足し、無責任にも借用書の山を増やしている。

日本には１４００兆円の個人金融資産があるなら、金持ちだとノー天気なエコノミストは言うが、公団などの特殊法人に、気前良く貸し与えたので、3分の1は既に消えたと言う。今後は毎月3兆円ずつ、赤字国債が増え続け、収入の2倍もの支出を許す、支離滅裂な会計は、国家レベルでの破産であり、無いカネを貸す愚かしい、欺瞞《ぎまん》が破綻を招くのである。

【休憩室その11】

藤原　日本は米国債を大量に抱えて、外貨準備が多いと自惚《うぬぼ》れ、アメリカのネオコンに狙われているが、インドネシアから島を買い、あの国債で払ったらどうでしょう。

舎人　先ず、アメリカは売らせないから、それは無理な話でしょうね。前に橋本首相がコロンビア大で、米国債を売りたくなる、と講演で喋《しゃべ》っただけで、債券が暴落して恨まれました。そして、仕返し工作で選挙に負け、債券売却の話はタブーになり、もっと多量に買わされて、口は災いの元になった。何しろ、日本が米国に輸出する限り、黒字分は米国債を買い続け、ドルをアメリカに還流するのが、至上命令だから打つ手がない。

藤原　橋本は下半身がだらしなく、中国の公安の女にはめられ、ハニー・トラップでやられたので、台湾では家族がガタガタだと、誰でも知っている話です。小泉だって強姦でトンズラして、ロンドンに逃げて行ったし。

舎人　慶応の連中は女癖が悪く、どうにも始末に負えません。どうしてあんなにだらしないのか、実に困ったものですよ。

小泉のレイプ事件は、『賢者のネジ』の付録が、詳細な記録を収録し、この対談の時点のものとして、『小泉純一郎と日本の病理』に、次のような記述がある。

「当時の私はグルノーブルで、学位論文を仕上げながら、パリの三井物産で資源開発での、顧問の仕事をしていたが、あるときロンドンから来た人が、こんな話をしてくれたことがある。『日本から来ている留学生に、とんでもないのがいる。慶応の学生だが、日本で婦女暴行で捕まり、そのほとぼりが冷めるまで、こっちにいるというのだ。なんでも、父親は二流の官庁の長官をしているので、警察には睨《にら》みが利いたらしい。それで事件をもみ消して、息子をこっちに寄こしたというんだ。……』この言葉が蘇ってきた時に、私は直感でこれは小泉純一郎に違いないと思った。年代もピタリと一致するし、海外に出る理由として、婦女暴行などという容疑は、そうあるものではないからだ。……」

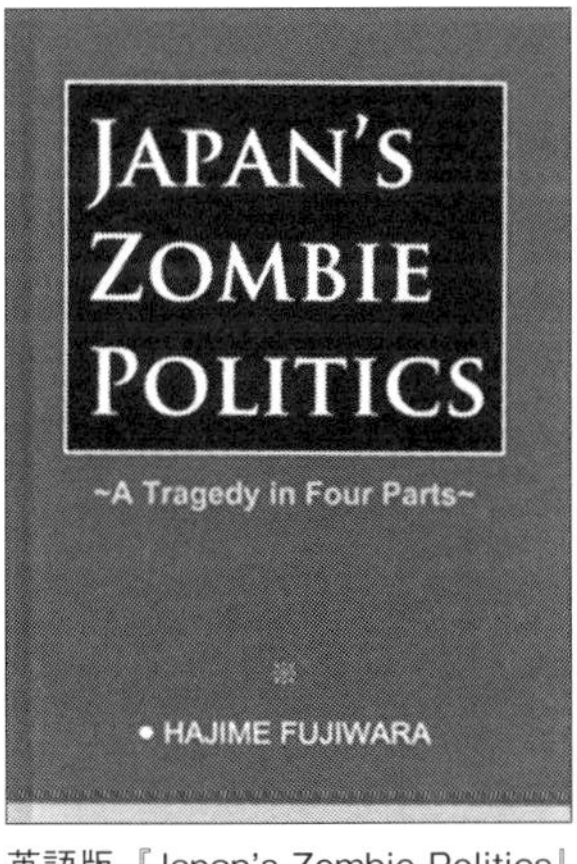

英語版『Japan's Zombie Politics』
歴史の証言として焚書回避に世界の750校の大学図書館に寄贈

第十二章

「国政を壟断《ろうだん》する小泉商店の粗雑なドンブリ勘定政治」〈第12回〉

政治改革を宣言して、大衆とマスコミの人気を集め、賑《にぎ》やかに船出した小泉政権だったが、「聖域なき改革」は聖域だらけのままだし、骨太の方針は骨抜きになって、2年半が過ぎた。構造改革は何ら見るべき、成果がない状態であり、経済破綻は悪化の度合いを増しただけで、毎日のように、100人近くの自殺者が続くが、憲法を蹂躙《じゅうりん》するイラク派兵で、米国に奉仕して虚言で生き延びる小泉内閣の鉄面皮は、日本の運命を亡国の淵《ふち》に、突き落とすだけだ。

「自民党をぶち壊す」と怪気炎を上げたが、実態は党の協力を受けることができず、どうして良いか見当もつかないために、強がりを言って不貞腐れているに過ぎない。そして、失敗や至らなさを認めると、政権が持たないし、たちまち変人として孤立するだけなので、屁理屈《へりくつ》とすり替えて、自己の立場を飾り立て、政権の維持を最優先にしているだけである。

しかも、自民党は単独で政権を維持できないので、連立相手の公明党に擦り寄って、言いなりになり、もはや与党としての矜持を捨て去っている。そして、小泉に「ぶっ壊す」と言いたい放題の悪態をつかれても、反発する勇気も誇りもない体たらくである。

このワイドショー政治が生んだ、虚妄の人気の前で、プチ独裁者の脅かしに屈して醜態を晒し、自民党は経験と実績を持つ党員を、主要閣僚に出せずに、田舎芝居の茶番の終わりを待ち侘《わ》びている。

実際問題として、国政の要である財政と外交の責任者は、民間からスカウトした訓練も識見もない素人衆であり、竹中財政金融担当相は、口説の徒だと底が割れ、川口順子外相は、アメリカ追従外交の一本槍《いっぽんやり》だから、荒れ狂う国際情勢の波濤《はとう》に翻弄《ほんろう》されている。

かつての自民党政治は、確かにスーパーマーケット的で、利権の特売や謝恩セールが揃っていたが、場末で屋台を広げる小泉商店は総て貧相で、品揃えや商品知識のある売り子にも欠け、香具師《やし》の口先商売と大差ない。しかも、アメリカの国益に奉仕することしか、首相の眼中に無いから、小泉政治を褒めるのは親方のブッシュ政権だけで、全世界から物笑いになっているのに、日本のメディアも国民も気がつかない。

その上、30年間にわたり、小泉の秘書官だった飯島勲が、首相の政策秘書として、官邸の陣頭指揮を務め、姉の小泉信子が小泉議員の政策秘書で、公邸で弟の日常生活の面倒を見ている。また、実弟の小泉正也が私設秘書として社長を兼任し、公設秘書の鍋島正樹が取締役で、飯島勲が監査役として公共事業の利権を漁ったが、小泉商店の横須賀の裏ビジネスまで露見した。

日本の政治の中枢に、小泉一家がバッタ屋を開き、自民党の協力も得られないで、迷走している不埒《ふらち》さと、インチキ商売が放置されて、国政に影響を及ぼしているのである。

（2002年の）国と地方の長期債務残高は、720兆円を超えており、国内総生産高（GDP）の150％に肉薄するし、41兆円の見込み税収で、86兆円の支出だから、来年度予算は45兆円もの赤字国債への依存になる。また、財務相はドルの暴落が分かっているのに、外国為替資金証券（ＦＢ）の発行限度を増額し、１４０兆円も為替介入資金の調達を決めたが、何と国家予算の2倍だから、狂気の沙汰というしかない。

クリスマスイブの12月24日の閣議決定は、小泉商店のオヤジが主催した忘年会にしても、番頭とデッチの幼稚な経営感覚により、国家財政の運営がドンブリ勘定で決まるのでは、日本の運命は「焦眉《しょうび》の急」である。

【休憩室その12】

藤原　小泉が強姦してロンドンに逃げて、配所の月を眺めていた程度しか、彼についての情報は持たないが、近くで観察した貴方の印象は、ずばり言ってどんなものか、教えてくれませんか。

舎人　観察するほどの男でないことは、彼の喋り方を見て直ぐ分かるが、思い込みが強いのは確実であり、自分で問題を考える力がない。また、人から受けた印象に、強烈に支配されてしまい、影響に従いロケットのように突撃し、相手を倒すタイプの、突撃兵みたいな男です。

だから、誰が周辺や背後にいて、彼に影響力を与え、命令しているかに注目すれば、次の動きが予想できる、単細胞型の人だから、彼より影武者に注目したらいい。その点で、彼の秘書官の飯島は馬力があり、苦労して這《は》い上がって忍耐力があって、神経も図太い上に、勝負に賭けるタイプだから、小泉純一郎を引きずり回すでしょう。

言うならば、飯島は古参の軍曹であり、小泉は小金持ちのひねくれ者で、学歴はあるが辛うじて丙種合格した、二等兵みたいな存在だから、秘書官が巧妙に首相を操る形で小泉を守り立て、派手な行動をさせるに決まっています。小泉を自民党総裁にしたのは、田中真紀子だったし、真紀子に操られることは、飯島には許すことが出来ないから、田中真紀子の影響力を断ち切り、飯島は軍曹の彼が直接表に出たら、操り人形が動かなくなると知っていて、自分が目立たないように振りつけたのが、小賢《こざか》しい竹中平蔵だったのです。そこまでは誰でも見抜くことだが、飯島はラスプーチンみたいな魔力を持つので、何が起こるかは世界情勢次第であり、飯島の頭の中を読むのが難しい。

藤原 そうなると出たとこ勝負ですね。ぼくの観察では小泉はサイコパスで、それを自覚する能力がないから、そんな人がトップにいたら、何が起こるか予想できないので、恐ろしいことですよ。

舎人 サイコパスを知らないので、何だか教えてくれますか。

藤原 これは精神病理学の概念で、人格障害を指しており、心理学的には感情移入が出来ず、相手に対して思いやりがなく、自分本位に考え行動するのです。そんな人間は結構いるので、普通は病人扱いしないが、それが極端に表れる時には、犯罪者扱いされるし、収容所に収監されたりする。でも、境界領域が広いため許容度が違い、共同体や社会によって、期待を裏切られる程度から、人生を滅茶滅茶にされるまで、色んな度合いの被害者を生みます。

ある場合には人を魅惑して感動させ、それが高まると熱狂を生むので、社会や集団のレベルでは、スポーツやお祭り騒ぎを伴い、ファシズムもその一種だし、宗教として大衆運動にも結び付く。また、個人の場合は嬉しがらせて、結婚詐欺や商品詐欺になるし、期待外れで落胆するケースや、絶望して死を招く場合もあり、広い意味では社会病理と、個人の精神状態の問題だから、社会の健康状態に関わります。

舎人　それなら、今の日本は全面的にサイコパスです。

藤原　そうでしょう。昔の日本人は純朴であり、自然の恵みに感謝して祈りを捧げ、天変地異を畏怖《いふ》して言行を慎み、穏やかな生活を楽しみました。

舎人　それを司るシステムが天皇制です。

2000年頃の日本では、サイコパスはタブー語で、医学的には回避され、心理学者の中で一部の人が、使っていた言葉であり、私が小泉に使ったところ、本では完全に削除された。小室直樹は20年遅れだと、日本の社会学を批判し、四半世紀後の茂木健一郎は、無価値だと決めつけたが、それほど世界レベルで、日本は立ち遅れている。

だから、私が小泉を診断して、サイコパスと書いても、日本では自己検閲で、削り取られた用語でも、20年経つと中野信子が、その題名で書いた本に、ベストセラーを与える始末だ。ロバート・ヘアの本から、当時の私が引用したのは、次のような記述であり、首相の性格について、決め付けたにしても、名誉棄損になる指摘ではない。

「サイコパスはウィット溢れ、明快な発言をする。人を好い気にさせる、快適で喜ばせる会話で、気の利いた賢い受け答えに、説得力ある話で魅了させる。彼ら効果的に見える、存在感を演出して、善良でチャーミングで、時には口先が滑らかであり、調子が良すぎるから。口から出まかせに見え、誠実さに欠け上っ面が明らかだ」

もちろん、それに留まらずに、良心の呵責《かしやく》の欠乏や、他者の気持ちへの無関心が、サイコパスの特徴で、直ぐにカッとなり易く、発言が矛盾だらけである。しかも、ずるくて嘘つきであり、責任を取ろうとせずに、反社会的なことをするし、自中心的で驕慢《きょうまん》だから、ルール破りを公然と行い、詐欺師と同じで冷酷である。

これを小泉に対して使い、こんなタイプの詐欺師は、株の相場や香具師の世界で、政治に関係したのでは、社会が劣化し崩壊すると、警告したつもりだった。だが、桜を見る会を始め、モリカケ事件や黒田事件での、安倍晋三のやり方は、サイコパスそのもので、新型コロナウイルス事件では、無責任さを露呈して、安倍は小泉以上だと露呈した。

第十三章

「亡国と売国の政治で生き続ける小泉内閣のツケ」〈第13回〉

「最大の政策課題であるデフレの克服は、2003年に解決する」と公約して、小泉内閣が成立してから、早くも1000日が過ぎ去ったのに、デフレは政権発足の時よりも悪化したままだ。しかも、日本経済は不況から、抜け出せないで足掻《あが》き、社会の混迷と機能不全は、目を覆うばかりだというのに、政治的な対応に見るべきものが全く無い。

このような無責任な政治が続くことに対し、評論家たちの多くが、小泉内閣は日本のためではなく、アメリカの国益に奉仕していると批判する。だが、大衆はマスコミが持て囃《はや》す、演技政治に幻惑されて、小泉内閣の売国政治の酷さに無自覚である。

杜撰《ずさん》な経営で破綻した、国営の日長銀に対して、7兆円近い税金を注ぎ込んで作った新生銀行だったが、それを僅《わず》か10億円で、禿《は》げ鷹《たか》ファンドに売り、5年後に米国のリップルウッドは、1兆円も荒稼ぎしている。しかも、昨年度（平成15年）だけで、財務省は20兆円も税金を費やして、暴落する米ドルの買い支えを続けたが、税収の半分近いカネを、為替相場に投入したというのは、不況に苦しむ国民を見捨てた背信行為である。

なぜこんな不埒な行為が、罷《まか》り通るかというと、権勢維持のためには国益を叩き売っても恥じない、ナルシスト小泉純一郎の、利己主義があるからだ。また、それがブッシュ大統領への、卑屈な盲従路線の形になって、外交の私物化の放置にと結びつき、日本の国益を損なっているのだ。

その始まりは平成13年7月1日の日米首脳会談で、首相になった直後の小泉は、キャンプ・デービットに招かれ、大統領とキャッチボールで、親交を深めたと宣伝をした。そして、貰ったジャンパーに袖を通して、小泉純一郎は胸を張り、記者会見で「Heart to heart」会談だ、と自画自賛したのだった。

この日米サミットの模様を、北京の「人民日報」は、「キャンプ・デービッドで行われた、第1回首脳会談で小泉首相は、沖縄駐留米軍による、性暴力事件発生直後にもかかわらず、ブッシュ大統領に抗議もせず、米国のミサイル防衛計画に理解を表明した」、と実に意味深長な筆致で論評した。というのは、小泉の訪米直前の6月29日に、沖縄で海兵隊の軍曹による、婦女暴行事件が発生し、少女が米兵によって、強姦されていたからで、北京政府は小泉の過去を知っていたから、その皮肉をメッセージに託したと推察できる。

「小泉純一郎、婦女暴行事件、留学」をキーワードに使い、インターネットで検索すれば、秘匿情報が幾つも現れるが、小泉がかつて婦女暴行容疑で警察に捕まって、ほとぼりが冷めるまで、留学を口実に渡英しており、この情報を外国の諜報《ちょうほう》機関が熟知することまで、活字の記事として簡単に読めるのだ。

だから、不名誉な若気の至りを、過去に持つ身の首相としては、幾ら重要な外交上の問題であるにしても、抗議はもとより議題に、することも出来なかったのだし、CIAを持つ米国は、当然それを計算済みだった。

次に知られた、日米首脳会談のエピソードとしては、ブッシュがテキサスに持つ、私邸を使ったサミットであり、過去クロフォード・ランチに招かれた首相は、ロシアを始め英、スペイン、オーストラリアと限られていて、それに続いたので、小泉は得意満面だった。だが、中国の国家元首の江沢民に、先を越された日本は、メンツを賭け必死になって巻き返しを試み、どんな犠牲を払っても、ランチに招かれたいと、駐米日本大使館筋は、全力を挙げていたのであり、費用は日本側が負担する、と申し入れまでしたとも言う。

日本の無理を聞き届け、その代償を計算した米国は、小泉首相が求める人気稼ぎと引き換えということで、カネは勿論《もちろん》だったが、日本人の血も貰うために、クロフォード・ランチにおける、日米首脳会談を承諾した。この夕食付きの1泊旅行の実現によって、プールサイドでの1時間半の会談を含めたコストが、自衛隊のイラク派兵の密約だったならば、小泉政権の維持を狙った人気稼ぎの外遊は、日本にとって実に高いツケを残した。

小泉内閣は日本国民の利益のためには何もせず、アメリカの利益が最優先だという声が高いが、こうした事態を昔から「売国政治」と呼ぶのである。

【休憩室その13】

舎人　小泉内閣が発足した段階では、先生が批判するほど悪くはなく、小泉首相はアメリカを訪問して、最高の歓待を受けていたので、国民も期待の気持ちを抱いていました。だが、余り持て囃《はや》されたので増長し、我が道を行き始めたために。メッキが剝《は》がれてしまったのです。

藤原　何しろ、森が余りにも酷すぎたし、潜水艦が「愛媛丸」を沈めて、日本人に負い目があったために、CIAが小泉の過去調べていたから、彼がサイコパスで強姦魔だと知ってはいたが、目をつむり賓客《ひんきゃく》として大事にした。キャンプ・デービッドへの招待は、慣例だから当然にしても、テキサスのクロフォード・ランチに、招く気持ちは全くなかった。だが、日本の外務省は面子《メンツ》を考え、江沢民に負けたら恥だと必死になり、無理矢理に招待を頼み込んだ。

私が経営していた石油会社は、ダラスとアビリーンに事務所があり、Wacoに近いあの牧場はよく知っているが、あそこはウェーコと発音する必要があり、ワコと言えば俗語で「阿呆《あほう》」になる。だが、日本のメディアでそれを知る人はなく、サイコパスの小泉にワコはピッタリで、テクサンにワコは「くるくるパー」だから、江戸っ子の私には痛快だった。

舎人　それは沖縄サミットの森喜朗と、好一対のパロディですね。先生ならご存知だと思うが、件《くだん》の「Me too」ですよ。

【註「Me too事件」】これは記念碑的なジョークになるので、私は『小泉純一郎と日本の病理』の中に、以下のように挿入したので、当然ながら『Japan's Zombie Politics』として、全世界の読者に読まれている。こんなワコ男を恥ずかしげもなく、東京五輪のJOCの組織委員長にしたのだ

「驚くべきことに、クリントン大統領に言ったとされる、『ミーツー「Me,too」伝説』というのもある。

これは森の失言を恐れた秘書官が、クリントン大統領を出迎えるときに握手して、まず「こんにちは」と挨拶すれば、相手は『ありがとう、とても良いです。あなたはいかがですか？（Thank you very good and you.）』と答えるので、そうしたら『私もとてもいいです。（Me too.）』と挨拶を返してください、と教えたという所から始まっている。

ところが、実際にクリントンに会った森は、握手をしながら『Who are you（あなたは誰ですか？）』と言ってしまった。

すると、クリントンはジョークとして『I am Hillary's husband.（私はヒラリーの夫です）』と答えたので、森首相はすかさず『Me too.（私もそうです）』と答えたというのだ。これが果たして本当にあったかどうかは知らないが、舛添要一議員は外務省の北米課に、問い合わせたそうだし、アメリカにもこの話は、尾ひれが付いて伝わったので、日本人の多くが、恥ずかしい思いをしたのである。

藤原　知っています。有楽町の特派員クラブで、よく話題になりましたよ。

舎人　酷いものです。幾ら人材がいないにしても、ドタバタ騒ぎを使ってなり上ったとはいえ、あれだけお粗末な人を首相にしたのは、全くの恥晒し以外の何物でもない。そんな森に代わったのだから、アメリカ側は大喜びしたはずだ。世も末になると魑魅《ちみ》魍魎《もうりょう》が君臨するが、社会の腐敗が進行して、特に上層部での劣化が酷く目立ち、「鯛《たい》は頭から腐る」というが、森や小泉は腐った鯛に間違いないですね。

藤原　社会では王様や首相が腐った人なら、それが亡国の始まりであり、家庭の場合ならば悲惨でして、父か母が異常化したら破滅、一家離散の悲劇です。だから、森や小泉を見ただけで、日本は狂って乱れたと診断し、これまで警告の診断書として、『平成幕末のダイアグノシス』まで書いたのに、相手にされませんでした。

舎人　藤原さんは中曽根や竹下の頃までは、熱心にそうした本を出していたが、最近は日本のことを諦《あきら》めたのか、宇宙や地球に関心が移り、国際政治や地震の話が多くなりましたね。

藤原　だって、細川や小渕は書くに当たらないし、論じても本屋は出版したがらないから、書くだけ時間が無駄になる。だが、巨悪は退治する必要があり、若い人の手助けになるならば、手伝いをするのは当然でしょう。小泉内閣だけでなく官僚もワコで、7兆円も税金を費やした長銀だのに、僅か10億円の捨て値で売り払い、バッタ屋稼業のハゲタカファンドに、1兆円もボロ儲けさせた挙句、税金をビタ一文も取れなかった。

舎人　こんな愚劣な連中に任せたら、われわれの行く手はお先真っ暗だ。

藤原　日本を叩き売る売国奴の大掃除が、何にも増して必要ですよ。

第十四章

「マードックを裏方にした翼賛メディアの旗揚げ」〈第14回〉

乗っ取り屋として悪名が轟《とどろ》く、ルパート・マードックが、日本に登場して乗っ取り劇を演じて大騒ぎになったのは、ソフトバンクの孫正義と組んで、テレ朝株を買収工作し、朝日新聞に買い取らせた、「テレ朝事件」（１９９６年）の時である。その後このメディア帝王は、テレ朝の代わりに、ＢＳ（放送衛星）の支配に目標を変更して、ソフトバンクの他に、ソニーとフジテレビを加え、スカイパーフェクト（スカパー）ＴＶを発足させることで、日本のメディアを支配するための布陣を敷いたが、次の獲物は経営難の毎日新聞か、ＴＢＳだと噂されている。

英国最大のタブロイド紙「サン」を買収（１９６９年）した後で、米国の民主派の「ニューヨーク・ポスト」を入手したマードックは、１年でこの新聞をタカ派の大衆紙に作り変えた。次に、二十世紀フォックス映画会社を買うと、フォックスTVの所有者として、アメリカ国籍を取り、メディアの帝王として、世界に君臨している。また、イラク侵略を賛美する、宣伝番組を積極的に流すことで、フォックスTVは、米国の戦争熱を盛り上げたが、その背景にはマードックの母方が、ユダヤ系であることから、ネオコン路線と同じ、政治思想の影響があるという。

マードック路線に近い、日本のメディアの代表は、体制に近い読売新聞とサンケイ新聞だが、そこには政府委員になって、嬉しい新聞人を始め、御用文化人や売文学者が、群をなして集まっている。だから、権力におもねた、「サクラ役」の発言で賑やかで、特に自衛隊のイラク派兵が、実現したチャンスを生かし、戦地で自衛隊員が活躍する姿を宣伝して、国威発揚と軍事路線を賛美する機運を盛り上げるために、タカ派のテレビ放送の旗揚げが推進されている。

マードックが裏に控えた、スカパーTVを利用して、軍国主義を謳歌《おうか》する愛国テレビ放送を行うのが、名が体を表す「桜テレビ」だとは傑作であり、「サクラ番組」専門局の資本金3億円は、ほぼ集まったという。タカ派言論人で「痴性」を蔓延させて名を売った、渡部昇一上智大名誉教授が発起人代表で、顔ぶれは旧守派日本人のオンパレードであり、翼賛メディアを後援するのは政府と財界だが、真のスポンサーは陰に隠れ姿を見せない。

参謀役は「読売」「サンケイ」「電通」「日本財団」が担当し、実行部隊として表面に出て、動く組織としては、日本財団のフロントである、東京財団人脈が当るらしい。40億円の予算の9割が、日本財団絡みの「東京財団」は、買弁的な人脈と結ぶ、実に胡散臭《うさんくさ》い組織だが、会長の日下公人《くさかきみんど》は破綻した日長銀の元幹部だ。

しかも、財務大臣になるまでの、竹中平蔵が理事長だったし、調整役の岡崎久彦は、日本の国益を損なっても、アメリカの利益のために、尽くした外交官として、ワシントンの忠僕だったことで知られている。

そういえば、8兆円の血税を注入した、日本長期信用銀行が破綻し、僅か100億円で禿鷹ファンドの、リップルウッドに売り払われ、巨額の税金が雲散霧消した事件があった。それに連なった顔ぶれが、世論工作に励む背後に、乗っ取り屋のマードックが、控えているのならば、日本がハリウッド化するのは、時間の問題であるし、涙して靖国の母や妻を讃える日は遠くない。

【休憩室その14】

テレ朝の乗っ取り事件の四半世紀後。

眼前に大崩壊が迫っており、「ねずみ講」化した市場経済が、ババ抜き合戦で疲労困憊した後で、破綻の大団円を迎える前に、四半世紀昔を思い出して、懐かしむのも忘年会の余興になる。なぜなら、パクリ商売で大成長を遂げて、モンスター化したバブル企業が、フィアスコ（大狂乱）を演じた後で、シンギュラリティを目前に眺めながら、詐欺ビジネスの幕を閉じるからだ。1971年に石油危機の襲来を予告して、「狼《おおかみ》少年」扱いされた若かった頃の私が、2年後の石油ショックで見直され、社会に踏み出した時に似た、内なる興奮を感じ取る昨日今日だ。

1996年に起きた奇怪な事件に、テレ朝をマードックと孫が、乗っ取ろうとした事件があって、日本中が大騒ぎになった事件は、情報革命における前哨戦《ぜんしょうせん》であった。その状況を『夜明け前の朝日』の中に、以下のように報告している。

「……朝日が孫・マードックから、四百十七億円で買ったのは、ソフトバンクの子会社のニューズコープ・メディアであり、テレ朝株の直接の取引ではなかった。それに、旺文社と孫・マードクの間の取引には、有価証券譲渡契約書が、取り交わされておらず、貸付金の肩替わり返済の手口が、活用されており、朝日側には受領書もないと裁判で分かった。

……孫・マードックと朝日の取引の仲介役は、旺文社と孫・マードックの間の取引と同じで、ラザール・ジャパン・アセット・マネージメントであり、親会社のラザール・フレール社は、その辣腕《らつわん》で知られている。だから、マードックの乗取りビジネスにおいて、どんな役割を演じたかについて調べれば、一九九八年秋の先物市場の開設を使って、四十兆円を日本から流した、ソロモン・ブラザーズと共に、ウオール街の投資を扱う兄弟系会社が、どんな作戦で朝日を乗せたかが分かってくる。

現に、テレ朝株で朝日新聞の資金を抜いた後で、マードックはソニーの仲介で、フジテレビと結び、暫くはスカイパーフェクTVで衛星に陣取って、フジサンケイ・グループ（FCG）と提携して、時間切れを待ち、朝日のお手上げを狙うと考える人もいる。……」

この新手の籠脱《かごぬ》け詐欺の手口は、今では常識になってしまい、世界中で大流行して持て囃されているが、米国では腐るほど追従者が現れ、日本では一歩遅れてホリエモンが使い、ブタ箱入りの詐欺事件になった。だが、アーキタイプの一人はジョン・ローだが、プロトタイプは流石《さすが》に英国で、マードックとマクスウェルが手を組み、メディアを一時は炎上させ、大衆版の源流は米国が得意であり、20世紀は追剝《おいはぎ》紳士の世紀だった。

ロバート・マクスウェルの死は、豪華ヨットからの転落だが、自殺ではなかったらしいヒントとして、監獄では怪死して注目され、ペドフィリア狂として悪名高い、富豪のジェフェリー・エプスタインがいる。彼はトランプと親しいだけでなく、クリントンとも緊密だったし、モサドと強く結ぶユダヤ人で、マクスウェルの末娘のクリスティーヌは、チラード（Chjlard）社の創業者の一人だ。

このチラード社は恐ろしい組織で、どんな極秘情報でも提供する、バックドアーを破る特殊技術を持ち、各国の諜報機関の持つ情報でも、顧客に届けると宣伝して仕事をしている。しかも、モサドと強く結びついていて、韓国の盗聴会社のラインをヤフーと合併し、それを支配したソフトバンクが倒産したらチラード社の傘下になり、日本は情報的に包囲されて終わる。

第十五章

「悲惨なイラクの戦場では金ピカの七面鳥は標的になる」〈第15回〉

イラクで殺害（2003年）された、奥克彦参事官と井ノ上正盛3等書記官は、米軍や日本政府の発表ではテロの犠牲だが、誰がテロを実行したかは藪《やぶ》の中だ。遺体や遺留品は現地のイラク警察や病院でなく、米軍が収容していたことも奇妙だが、福田官房長官は「何も言えない」と繰り返した。

この不可解さを始めとして、司法解剖の結果を公開しない姿勢や、小泉内閣と外務省が試みる、見え透いた隠蔽《いんぺい》工作は、この射殺事件に胡散臭《うさんくさ》さが伴うと感じさせる。

毎日新聞は「警視庁は、イラクで殺害された奥克彦参事官〈11月29日付で大使に昇格〉と、井ノ上正盛3等書記官〈同日付で1等書記官に昇格〉の、遺体の司法解剖を5日午前9時から、東京都内の大学病院2ヵ所で始めた」と報道した。だが、政府は司法解剖の結果の発表をためらったし、外務省は遺体映像の配布に圧力を加えて、外務省国内広報課は、出版物の回収までも要求した。また、遺体の成田空港に到着には、千葉県警の儀仗《ぎじょう》隊が使われ、川口外相が葬儀委員長で外務省葬まで行った。

侵略戦争に反対の意思表示をしたのが理由で、天木直人駐レバノン大使は首になったのに、戦場を駆け回ったために、米軍に目をつけられたという、被害者の外交官たちは2階級特進を受けた。しかも、賞恤《しょうじゅう》金という名で、災害保証金が1億円も支払われ、まるで戦時中の「軍神」のような扱いだ。

外交官が外国で不慮の事故で死んだにしても、それは公務で止むを得ない災難であり、犠牲者に対して気の毒だと思うのは当然であるが、こんなに特別扱いをするのはなぜだろうか。

同じことはイラクに派兵した自衛隊にも言え、戦場ではない安全な、後方支援だと言う一方で、自衛隊員はそれを戦場手当てだと呼ばないが、1日に3万円の特別手当てが支給され、傭兵《ようへい》と同じでイラク派遣は、戦場が稼ぎ場になる。

また、死亡した隊員への賞恤金は、5割り増しになり、外交官と同じ1億円に増額されたが、戦場でないと小泉は言い逃れをしているのに、イラク行だけがなぜ特別扱いに関して、納得の行く説明が、全くなされていないのである。

自衛隊の海外派兵は、憲法違反であるだけでなく、傭兵以上の破格の待遇は世界の常識から逸脱して、米兵の戦場手当て1日7・5ドル〔800円〕の40倍だし、現地で採用されるイラク人の警官や兵士は、月給が100〜120ドル〔1万2000円前後〕だという。また、占領軍が警備員に払う月給は90ドル（約1万円）だが、500人の自衛隊員を守る、警備員を30人雇い、その月給が相場の倍の200ドル（2万2000円）で、給料の他に3万円の日当を受ける自衛隊員は、何とイラク人の50倍も稼ぎ出すことになる。

既に米軍では自衛隊よりも、低い手当への不満があり、現地のイラク人の間に、好待遇の日本兵に対して、羨望《せんぼう》と嫉妬《しっと》の気分が、高まっているという。テロリストが破格待遇の日本軍の実態を知り、日本人を金ピカの肥えた、七面鳥の標的と見なして、米兵よりも狙い甲斐《がい》があると考えれば、手当てが高い自衛隊員を、獲物に狙う可能性は高くなるし、日本列島における安全もおぼつかなくなる。

日本人が御大尽《おだいじん》として、大盤振る舞いを続けて、加害者の仲間の中で付加価値を増せば、米兵やオランダ兵を、七面鳥として狙うより、被害金額から見れば、費用対効果が高くなる。悲惨なイラクの戦禍を、日本人が金儲けの種にして、侵略者の仲間になって、利権を狙うと分かれば、情報化の時代に情報を秘匿するのは困難であり、その反発は国内での、報復テロを呼びかねない。

派兵国スペインでは、既に地下鉄の大惨事が起きたが、小泉の火遊びがイラクの戦禍を飛び火させて、未曾有の災難を国内に、招かなければ幸いである。

【休憩室その15】

小泉外交が米国の侵略路線に従い、イラク派兵を強行したのは、どう考えても外交の失敗であり、余りにも愚かしかったが、自衛隊の海外派兵により、日本の運命は大きく狂った。それは自衛隊員への厚遇と、犠牲になった外務省職員への、見え透いた優遇措置が、政治における均衡と、規範の無い大盤振る舞いが、国家機構の私物化で、官僚機構を崩壊に導く。

しかも、「対テロ戦争」の名前で、行われたイラク侵略は、虚妄に満ちた茶番劇であり、石油代金の支払いに、ドルを否定したフセインが、邪魔だから排除する戦争だった。米国と日本の政府以外は、真相を理解したので、イラク侵略への協力を躊躇《ためら》ったが、小泉は憲法を無視して、アメリカの侵略を支え、自衛隊のイラク派兵を強行した。

だから、小泉内閣の外交政策は、行き当たりばったりで、迷走状態を呈したのであり、田中外相の狂態を始め、イラク派兵という具合に、支離滅裂に陥ったのである。極め付きが公文書偽造で、天皇の国璽の無断捺印《なついん》と、内閣印のない罷免状を偽造して、特命全権大使を罷免し、天皇の国事行為を冒瀆《ぼうとく》した。

この「大逆罪」に相当する、悪質な犯罪に対して、私は『小泉純一郎と日本の病理』に、文書のコピーを添付し、小泉内閣を告発したが、本は密《ひそ》に焚書《ふんしょ》処分されてしまった。この時に取り上げられて、責任追及していたら、アベゲート事件追及の時に、公文書改竄《かいざん》もなかったし、参考までにその記事を、以下に引用しておくことにする。

（註：偽造文書のコピーは、その本に掲載のモノを参照してください）

……外務省は完全に機能を喪失し、戦略的に外交路線を構想することさえしなかった。だから、やることなすことが、その場しのぎになってしまい、デタラメが横行することになった。

私がそれを痛感したのは、元レバノン大使・天木直人が書いた、『さらば外務省！』（講談社２００３）という本を手にしたときであった。

私は偶然その本を店頭で手にしたのだが、表紙裏に印刷された免官辞令の写真を見て、わが目を疑った。なぜなら、それはとても公文書とは、呼べないシロモノだったからだ。天木直人は自衛隊のイラク派兵に反対して、慎重な中東外交をするようにと、小泉首相に上申したために、大使をクビになった人物である。

彼は小泉内閣が憲法を蹂躙《じゅうりん》したのを危惧して、首相に中東外交の重要性を訴えたのであるし、中東に関しての専門家の立場で、上申する権利を持っていた。ところが、いきなり大使の職務をクビになったのだから酷いが、それ以上に驚いたのは、彼をクビにした文書のデタラメさだった。

なぜなら、そこには天皇の国璽は捺《お》してあるが、内閣のハンコも天皇の署名もなかったからだ。私は大急ぎで天木大使に連絡を取り、大阪に飛んで彼に会って単刀直入に質問した。御璽のハンコが捺されているのに、この免官状にはそれがないからだった。

一般的な例で見ても、書類では署名をするのが先であり、次にハンコを捺して完全な公文書になる。ところが、天木の免官状には、天皇の署名がなく国璽だけが捺してある。ということは、これは誰かが天皇のハンコを勝手に使ったことになり、誰かが天皇の代わりに、無断で捺印したことになる。

もし、この私の推測が事実なら、大変な背任行為で、これは国璽としての天皇の印鑑管理が、ズサンなだけでなく、刑法に関係したレベルの重大問題であり、天皇のハンコを第三者が勝手に、ベタベタと捺したことになる。そうなると、昔ならこれは内閣総辞職に、なりかねない大失態である。

しかし、天木解任がこんなズサンな扱いなら、田中真紀子の解任狙いも似たようなものだったはずだ。そう考えて官邸に出入りする、友人に当たったところ、小泉は「願いにより」という文書が伴うことで、正式な辞任の手続きが、成立するのを知らずに、辞表がない状態なのに宮中に上奏して、自ら外相を兼任してしまったのだとわかった。

しかも、それに気づいた官邸は、慌てて隠蔽工作をしただけでなく、田中真紀子を探し出して、無理やり署名をさせ、辞任状をつくったというデタラメ振りだった。戦争のために命を投げ出した先人がいた国も、60年も経てばこれほど支離滅裂が横行して、政治のルールが乱れてしまうのだろうか？　国の内部がこれなら外部である外交において、デタラメが横行するのは、無理もないと言える。

……」

第十六章

「近衛《このえ》内閣に追従してはるかに劣る小泉政治の茶番政治」〈第16回〉

小泉内閣が試みた経済政策は、ほとんど失敗であり、日本はデフレによる不況で国家破産同然だし、国民は嘘つき政治に、あきあきしているが、首相は口から出まかせを止めようとしない。「不良債権の処理は3年以内に終える」とか、「公的資金の投入はしない」、と大見得を切ったが、それがその場しのぎの空約束に過ぎず、3年でこの内閣は化けの皮が剝がれた。

「うば桜」を閣僚として、ひな壇の上に並べて、その人気に頼るという顔見世興行を使い、低級な茶番劇を得意顔で演じているが、こんなデタラメで国民を騙しているうちに、日本は亡国の色合いを深めた。こんな政治はかつて体験したことがあり、一時の人気に酔って最後には、生き地獄を味わったが、同じことが再び繰り返されようとしている。

自己本位のナルシズムに陶酔するだけで、口先だけの出まかせをやり、大衆の人気を集め、軽率なマスコミが応援団として騒ぎ立てて、結果として国を亡ぼした最悪の政治家に、大日本帝国を破滅させた、近衛文麿首相がいたが、小泉純一郎はこの近衛のエピゴーネンだ。

還暦は60年のサイクルでやってくるが、それに準じた周期で狂気の時代が訪れ、翼賛的な雰囲気が、日本全土に広がる中で、死臭を含んだ戦争の風が吹き始め、戦地から戻る英霊が、注目を集める時代になった。政治の行き詰まりで世の中が乱れることで、危機を乗り切る人材が払底した時には、混乱のドサクサに紛れペテン師が浮上し、人気だけを頼りに、オベンチャラ政治が罷《まか》り通るが、声なき声は沈黙して声を潜めてしまう。

公卿《くげ》の近衛の周辺には。機会主義者が群れたが、横須賀のテキ屋の親方が、政治家になって、クリカラ紋々を誇った、逓信大臣の孫の周辺には、御用学者とペテン師たちが群がり寄った。その結果が、小泉流の丸投げ政治の蔓延だし、トッチャン小僧の竹中財政に振り回されて、経済破綻は目を覆うばかりの酷さの上に、川口外相は外交感覚が、完全に欠如しており、ワシントンの言うなりで、国益の叩き売りに終始している。

公卿の近衛は京都大学の学生だった時期に、祇園《ぎおん》に入り浸って、舞妓の膝枕で学んだが、強姦の破廉恥罪を避けて、ロンドンに逃げた小泉は、居直りと詐術を武器に、三代目の政治家になった。近衛も小泉も人気が頼りの政治家に属すから、世間体を飾るために、虚勢を張りたがるが、近衛は「国民政府を相手にせず」、と軽率な発言をし、小泉は「自民党をぶっ壊す」と断言して、虎の威を借りた狐の本性を露呈している。

更に、近衛は大陸に派兵して、上海事件を起こして、戦争に巻き込まれ帝国陸軍に血の洗礼を施し、大日本帝国を戦火の中で滅亡させたが、小泉は米軍の傭兵としてイラク派兵に踏み切り、自衛隊を戦火の中に追いやった。「この道はいつか来た道」という歌が示すように、金融で日本は第二の敗戦を迎えている。

無責任な演技政治から、歴史の教訓に学べば、ミッドウェーとガダルカナルに加えて、広島と長崎の惨禍は、小泉が率いた日本の運命の、不吉な軌跡を綴《つづ》っているが、「一億総懺悔《そうざんげ》」の強要など、金輪際お断りである。

【休憩室その16】

服毒自殺をした近衛文麿は、公爵家の世襲代議士として、3回も近衛内閣を担当しているが、キャッチフレーズを使い、人気を集めた劇場政治で、国民を誑《たぶら》かした点で小泉の先輩だ。「バスに乗り遅れるな」とか、「国民政府は相手にせず」といった、近衛の軽率な発言は、「自民党をぶっ壊す！」を始め、「財政改革に聖域なし！」など、小泉の空虚な絶叫と同じで、「ワンフレーズ・センテンス」である。

近衛は国家社会主義者で、社会より国家が優勢だから、独裁政治になってしまい、それに民族意識が加われば、ナチズムになるだけでなく、スターリニズムにも転換してしまう。小泉はどちらかと言えば、ムッソリーニに近かったが、スターリンは哲学を論じたのに、安倍はその素養もないし、オカルトに傾倒するので、ヒトラーに近いとはいえ、思想抜きのスターリニズムだ。

耳触りだけは良くても、身勝手な自己主張だけで、動物的な情動の世界の発話だから、それに煽られて熱狂すれば、首相の叫びが国を滅ぼしてしまう。ムッソリーニが後継者にしたのが、脳なしスターリンならば、「鳶《とんび》が鷹《たか》を生む」鳥類の世界は、ゾンビが乱舞するお花畑である。

第十七章　「宮内庁と外務省の皇室イジメと小泉内閣の対米盲従の悲劇」〈第17回〉

（2003年）単独訪欧前に行われた東宮御所での記者会見で、皇太子が「それまでの雅子の外交官としてのキャリアや、それに基づいた雅子の人格を否定するような動きがあった」と発言して、宮内庁に対して異例の抗議を試みたことは、日本よりも外国でメディアの注目を引き付けた。英国の「ガーディアン」紙は「世界で最も保守的で秘密主義であり、孤立した館に押し込められたために、助けを求める叫び声だ」と書いたが、陰険な首相官邸と外務省に操られた宮内庁への抗議は、これが最初ではないことに日本人は鈍感である。

44歳の誕生日を迎えた皇太子は、記者会見した時に、イラク戦争を大変に悲しいと言って、宮内庁とマスコミの協力を求めた後で、二人の外交官が殺害された事件に触れた。そして、同じ時に英国留学した、奥参事官に哀悼の意を表したが、個人名を挙げた発言は、全くの異例だったのである。

二人の外交官を射殺した犯人が、誰だかは不明であるが、「奥克彦参事官〈大使に二階級昇格〉と、井ノ上三等書記官〈一等書記官に二階級昇格〉の遺体の司法解剖を、都内の大学病院で始めた」〈毎日新聞〉と報道された。だが、外務省は遺体写真発表の妨害と、情報の隠蔽をしたが、佐藤雅彦は「スキャンダル大戦争七号」〈鹿砦社〉で、遺体写真を克明に解析して、米軍や日本政府の発表がいかにデタラメであり、外務省の情報捏造《ねつぞう》と幼稚な嘘を告発している。

政府は公務中の事故死であるのに、2階級昇格と叙勲をして、外務省葬の特別扱いで殉死を美化したが、犯罪の背後関係の調査には、熱意を示さなかった。外務省と首相官邸が、何を隠蔽したかを考える時に、皇太子の「国際親善を皇族として、大変重要な役目と思いながら、外国訪問を許されなかった」という発言と、奥参事官が東宮の学友だった事実が気になる。

日本のメディアは沈黙して、報道しなかったが、奥克彦の家系は元伯爵の奥保鞏《おくやすかた》元帥であり、日露戦争の時の第二軍司令官だ。奥司令官は「日本一の戦上手」で、「参謀なしで大軍を動かせる唯一の司令官」と言われ、近衛師団長を歴任した親英派の将軍だった。

イラクを占領して石油を奪い、傀儡《かいらい》政権を作ろうとする米軍は、国連を信頼する欧州諸国や、王室は邪魔な存在であり、奥克彦の経歴や家柄を、占領軍の情報機関が疑ったのか。ことによると不幸な事態に、発展しかねない恐れもあり、小泉なら国民を裏切って、国を売っても不思議ではない。

イラクに侵略した米国に、追従する外務省と首相官邸は、ブッシュの横暴を危惧する、欧州各国の王室に親しい、日本の皇室筋を危惧したか。しかも、皇室の親善の旅を妨害する目的で、外務省の影響が濃厚な、宮内庁に圧力を加えた結果として、誰がストレスの犠牲に、なったのかは明らかである。

それにしても、日本政府は虐殺事件の真相解明に熱意がなく、盛大な葬儀や叙勲で事件を飾って、誤魔化しただけで、物証の自動車の引取りを、なぜ半年も延ばしたのか。その間に米軍発表を垂れ流して、イラク派兵を強行したり、北朝鮮を相手にワイドショー政治で、政権維持に汲々《きゅうきゅう》として、人気稼ぎに明け暮れていた。
そんな茶番劇を続けているが、国民に情報を隠し、既成事実を積み重ね続けることは、日本の国益を刻一刻と損なうだけである。

【休憩室その17】

立憲君主制の伝統で、近代における王室の多くは、政治に直接関与しないが、統帥権と外交権に関して、目に見えない影響を及ぼし、それなりの対応を試みた。戦前の日本は天皇絶対主義で、天皇は大元帥として、統帥権を持っていたが、それでも戦争よりも、外交を重視していたし、戦後処理のことまで見通し、リーデル・ハートの大戦略を考えた。

舎人　大正10（1921）年3月3日に、皇太子が初渡欧の旅に出て、帰国後の11月25日に摂政の宮になり、これで宮廷外交の基礎が、出来上がったわけです。戦後になってこのルートが、宮廷外交の基盤になり、欧州の王室との間で、EUの母体に相当している、ユーロの発足に関係して、20世紀に大影響を与えた。

藤原　皇室がユーロと関わり、皇室外交の背後には、通貨が関係していて、それを誰も知らないのが、実に興味深い謎ですね。

舎人　そこに誰も知らない、国体と政体の秘密がある。ユーロが出来た陰に、日本の皇太子の友人で、ベルギーの皇太子がいて、それを豊後《ぶんご》の三浦梅園《みうらばいえん》が、結んでいるというのは、実に興味深い縁ですよ。

藤原　三浦梅園と皇太子ですか。

舎人　ユーロの発行の思想に、三浦梅園の経済観が、反映していまして、国民国家の通貨は不足し、有効量が足りないので、社会の生命力までが衰え、人々の幸せが損なわれています。浩宮の家庭教師のKは、三浦梅園が出た国東《くにさき》市で、研究生活をしており、1952（S27）年生まれだが、若く優秀な人材でして、真の意味での国師です。だから、欧州の統合通貨を発行し、米ドルの横暴と共に、急激な没落を防いで、自由社会を護《まも》ることが、何にも増して重要だから、ヨーロッパを統一したのです。

藤原　独自通貨としての試験に、ユーロを出したのですか。

舎人 1932年に発行された、小規模な自由通貨は、オーストリアの山村で、絶大な威力を発揮したが、これはスタンプに似た、新種の地域通貨でした。この成功は信用を確立し、住民の支持を得たので、本格的なものを出す前に、つなぎの通貨の役割を与え、テストをする目的として、ユーロを出して見ました。

藤原 それはシルビオ・ゲゼルの思想による、地域通貨として発行されました、時間によって目減りする、時間の消却に見合った、生きた通貨システムですね。溜めるのではなく流通し、血液のように働くことで、経済を活性化させて、投機や溜め込みを防ぐ、本来的な通貨ですね。

舎人 真の通貨と言えるかは、今のところ未知数ですが、発想としては面白い。

藤原 オーストリアのリヒャルト・クーデンホフ伯爵は、パンヨーロッパ主義を掲げました。日本人青山光子の息子です。彼が推進した思想にも結ぶ、ハプスブルグの構想ですね。

舎人 そう考えても良いでしょう。要するに、英米型の投機経済でなく、健全な経済圏を支えるために、必要な通貨であるし、社会民主的な通貨です。今の日本においては、「さわやか福祉財団」が、中心になって推進して、慶応の石川塾長をトップに据え、日本の経済界も巻き込み、なんとかチップを出し、やろうとしているのです。

藤原　それはミヒャエル・エンデが、『エンデの遺言』に書いた、新しい地域通貨のことですね。

舎人　中央銀行の法定通貨は、一部の金融資本家により、恣意《しい》的に利用されるので、庶民の生活向上のために、使われることは少なく、環境やモラルを損なうだけです。政体を支配しているので、政治家や役人によって、人民の富は収奪されているし、それに法定通貨が使われ、金融資本家だけが潤い、民が貧しくなっているのです。

藤原　シルビオ・ゲゼルの思想は、社会秩序と結びついた、自由貨幣を使うことで、共産主義や資本主義が持つ、悪魔性を克服できると思い、交換という古くても貴重な、経済システムを考え出した。

三浦梅園の『玄語《げんご》』は、とても興味深い思想で、図形表現が幾何的だし、独創的で素晴らしいが、余りにも革新的なために、理解するのが困難である。

だが、知の巨人の松岡正剛が、『玄語』についての書評で、味わい深い記述をして、思わず感嘆したから、それを引用させて貰い、三浦梅園の功績を賛えたい。

「……梅園はこうした老荘思想、タオイズム、陰陽哲学、易の見方を背景に『玄語』を組み立てたんですね。ところで、河上肇《かわかみはじめ》という経済学者が明治・大正・昭和初期に名を馳せていたことはご存知だと思います。これまたすごい人で、『貧乏物語』が有名ですね。中国語にも翻訳されて、毛沢東たちにも影響を与えたといわれます。

その河上肇は、実は内藤湖南《ないとうこなん》につづいて梅園に注目した人でした。しかもその注目は梅園のもうひとつの画期的な業績である経済思想に向けられていた。梅園には『価原』という著書があるんですが、そこには近代の経済学を予告するものがあるというんです。

私はそのへんはちゃんと読んでいないのでわからないのですが、河上によるとグレシャムの法則なんかはとっくに見抜いていたという。

実は梅園は杵築《きつき》藩の上田養伯に、「豊年豊作のときでも穀物の値段が高くなって、藩民の生活が苦しくなるのはどうしてか」というような疑問をぶつけられていたんですね。それでいろいろ考えて、これは穀物の量に原因があるのではなくて、もともとは金銀の産出や流通の量に関係があるんじゃないかということを回答したんです。それが『価原』で、いっときマルクスの『資本論』を100年以上先駆したともいわれたことがあります。

それで河上は、これがまた興味深いのですが、『三浦梅園の価原及び本居宣長《もとおりのりなが》の玉くしげ別本に見られる貨幣論』を書いて、梅園と宣長の貨幣論を比較し、その先駆性を称《たた》えているんです。ぶったまげますね。やっぱりこういうことを見抜ける人はいるんですよ。それも梅園と宣長を一緒に束ねて、ね。

それについては、ここではこれ以上ふれませんが、その河上が自分の息子たちに、長男には「黄鶴」と、次男には「玄鶴」と名付けているんです。タオそのものの名前です。これはあきらかに河上のようなモダーンな経済哲学を追求した思想家にも、タオっぽい「玄学」や「玄のまた玄」が生きていたことを暗示しています。私はこっちの河上の感覚にも興味をおぼえるんです。……」

第十八章　「日本経団連の停滞人事と人材難にみる日本の宿痾《しゅくあ》」〈第18回〉

2003年5月末に行われた、日本経団連の定時総会において、奥田碩《ひろし》会長〈トヨタ自動車会長、71歳〉が、第2期目の会長に再選され、今後2年間の日本の財界を指導することになった。だが、前任の日経連会長から。通算すると6年の君臨になる。

総会後の記者会見で第1期目の成果を、振り返った奥田会長は、「政策提言などは言ったが、実現できていない。まるっきり不満足だ」と語気を強めていたが、小泉内閣の対米追従や、年金問題の不始末を見ても、財界総理が如何《いか》に無力だったかを証明しているのに、指導性の欠如には、全く無自覚なようである。

会長人事の経緯について、思い返して見るなら、奥田碩が初代の日本経団連の会長に選ばれた理由は、出身母体のトヨタが、経営的に優れた業績を記録し、連結決算で

1兆円近い、利益を誇って勝ち組代表になり、トヨタの売り上げが決め手だったに過ぎない。しかも、奥田会長が財界総理の椅子に座っている間に、トヨタは整備士試験問題の、漏洩《ろうえい》事件を起こしたし、名古屋国税局から50億円の、申告漏れの指摘を受けて、重加算税まで適用され、20億円も追徴課税されたのに、その責任を取る意思は片鱗《へんりん》もないようである。

それに加えて皮肉なことに、第2期会長を受諾する、数日前に起きた不祥事では、トヨタ東京カローラが、不正車検を摘発されて、八人も警視庁に逮捕されていたのであり、稼ぎ高での日本一の、驕慢《きょうまん》さを反映するかの如く、一連のモラルハザードまで露呈していた。

後継会長の人材難で、奥田会長が継投した背景には、原発のトラブルを隠した事件の責任を取って、同時に東電の那須相談役と荒木浩会長の二人が、評議員会議長と副会長を辞任して、謹慎したことがあり、経営者が持つべきケジメの問題が関係していた。かつて、日本の経済界を指導したエリートの多くは、出身企業だけでなく、系列会社が社会的不祥事を起こせば、直ちに公職を離れるだけの見識を持っていたが、亡国を招くデタラメが横行する、政界の現状と同じように、先人の教えを忘れた、「蛙《かえる》の顔に小便」が罷り通っている。

奥田会長はイラク戦争について、「米国をサポートすべきだ」と発言したが、それは日本の国益や運命を、熟考した見解というより、ＯＤＡ（政府開発援助）の資金を使った、ビジネスと結びつき、トヨタ製のランドクルーザー４４０台の商談として、イラクへの輸出話が絡んでいたのであれば、かつての大倉組や三菱と同じ「死の商人」ではないか。

世襲議員やタレント代議士の、花盛りに見る通り、政界は地盤と看板が利権化して、人材が枯渇したせいで、無能と百鬼横行のゴッタ煮に、なってしまっているのではないか。国際感覚を持つ経済人の批判と、忠告を必要としているが、財界までが混迷と堕落で、無責任主義では救いがない。

「財界トップの若返りは、次の会長にお願いする」と言って、財界を蔽《おお》う指導性の欠如と、老害の克服を先送りしているが、こんな人物に代わる人が見当たらないのだ。また、政界と同じで人材の枯渇による、人事の停滞を象徴しており、「枯れ木も山の賑《にぎ》わい」なら、情けない限りではないか。

【休憩室その18】

財界のトップ人事を見て、老齢化の進展の背後に、人材難が感じ取れるし、後継者の育成の面では、腐敗堕落の極みであり、日本経済の衰退に同調である。小泉内閣の支離滅裂さは、亡国現象そのものであり、それに呼応した財界が、醜悪な老害に毒されて、若い世代の希望を砕き、居座っているのは情けない。

1964（S39）年に生存者叙勲制度が復活してから、今日まで27万6000人余りが受章している。このうち勲一等以上は、特別に格式が高く、天皇が親授する対象である。これまで1461名が親授され、うち財界人は325名（22・2％）である。財界人の叙勲への執着が、日本の指導的な財界人の老害をもたらし、モラルハザードへの根源となっている。

しかも、ロスで私が調査した結果は、海外在留日本人の間で、叙勲に推薦される権利が、数万ドルで取引されており、叙任に関係した公職の椅子が、利権として取引されていたケースがある。また、東京大空襲を指揮した、米軍のルメイ大将に対して、佐藤政権は勲一等の叙勲をし、恥晒《はじさら》しの愚行を行ったが、小泉純也防衛庁長官の発案だった。

ルメイが東京空襲に成功すると3月10日にアーノルドは「おめでとう。この任務で君の部下はどんなことでもやってのける度胸があることを証明した」とメッセージを送る。また、ルメイに「空軍は太平洋戦争に主要な貢献をなしうる機会を手にした」と賛辞を送った。戦後、ルメイは「我々は東京を焼いたとき、たくさんの女子どもを殺していることを知っていた。やらなければならなかったのだ。我々の所業の道徳性について憂慮することは――ふざけるな」と語った。

焦土作戦は、東京や大阪、名古屋等の大都市を焼き払った後は、富山市や郡山市などの地方の中小都市も対象となった。これらの空襲は日本国民を震え上がらせ、日本側から「鬼畜ルメイ」「皆殺しのルメイ」と渾名《あだな》された。

ルメイが東京大空襲や原爆投下を行った部隊の指揮官だったことから授与に対し批判も大きく、現在でも「勲章は返還するべきである」と唱える者も居る。当時、日本社会党、原水爆禁止団体、被爆者などから国民感情として納得できないという声が上がった。国会でも叙勲に対し疑問視する声があった。

勲一等の授与は天皇が直接手渡す〝親授〟が通例であるが、昭和天皇は親授しなかった。

◇伊庭貞剛《いばていごう》(1847~1926)

伊庭貞剛は住友総理事(2代目)に就いたが、1905(M38)年58歳で引退した。その出処進退の爽《さわ》やかさには、古武士の風格が溢《あふ》れており、その言や良しである。

「……事業の進歩発達に最も害をするものは、青年の過失ではなくて、老人の跋扈《ばっこ》である。老人も青年も共に、社会勢力には相違ないが、その役割をいうと、老人は注意役、青年は実行役である。……」

第三編

京都皇統による秘密の伝授その2

第一章　国が滅びる時の混乱と深層金脈の乱獲

舎人　東京で町村金五関係の本を買い、それをじっくりと読んだところ、金五の父親の町村金弥は、三条実美《さんじょうさねとみ》が北海道において、華族牧場を作った時に、管理人をやっていたのです。北海道での酪農の仕事は、町村金弥たちが畜産として始め、彼の出身地を調べたら、福井県の越前松平でした。

彼は新渡戸稲造と同級生であり、三条実美が死んだ時に、松平が牧場の多くを奪い、蜂須賀牧場だけが残ったが、真駒内《まこまない》牧場は町村が取った。その後の牧場の経営は、長男の啓貴がウィスコンシン農大で、牧場経営を学んで帰国し、米国式の酪農で成功した。彼より18歳若い町村金五は、政治家になる前は役人で、富山県知事や警視総監を務めて、42歳かなんかで警視総監になり、パージに引っかかって追放になっている。

藤原　それは特高の警保局長として、自由人の拷問をやったからで、追放解除で政治家になり、1960年代の半ばには、北海道知事になっている、だから、グルノーブルの冬季五輪に招かれ、板垣札幌市長夫妻と共に、町村夫妻はグルノーブルに来て、私はVIP担当で接待したから、元特高の親分を観察したが、それは『オリンピアン幻想』に書いてある。確か、彼の息子も訪ねてきたが、当時はサラリーマンだったのに、世襲代議士になったらしい。

舎人　金五の倅《せがれ》の町村信孝なんかは、役人上りで無能だのに、政界でウロチョロしていましたが、外務大臣になっているし、日本の政界はそんな程度で、まともな人間がいないのです。先生のように脱藩して、世界を広く見て実力をつけ、外から日本を見ないとダメで、外国人に引け目を持たず、打ち負かすくらいでないと、今の時代は役に立たない。だから、町村金弥は皇室資金や、公家たちの資金を動かしており、自民党の幹部だったから、町村金五はM資金なんかにも、関係しているはずです。その後は町村金五に代わり、他の者が扱っているけれど、京都は闇人《やみ》脈の巣窟《そうくつ》だから、ここの動きが臭いわけです。

藤原　京都の大徳寺に陣取った、立花大亀や三笠宮の影が、見え隠れしている上に、公家が貰《もら》った秩禄公債《ちつろくこうさい》を集め、華族銀行の第十五銀行が、そこに絡むという仕組みですね。第十五銀行が倒産して、預金はパーになり消えたが、牧場の土地が残ったお陰で、地権が残ったことにより、土地ロンダリングが出来た。

舎人　戦前はそんな具合にして、民間レベルを使うことにより、裏の資金を循環させていたのは、日本が資本主義だったからで、皇室の資金も株で運用した。日本銀行、日本郵船、横浜正金銀行、第十五銀行、帝国銀行、帝国ホテル、北海道炭鉱汽船、京都鉄道、台湾銀行、満州鉄道、台湾精糖、朝鮮銀行、東京電灯、東京ガス、日本興業銀行、富士製紙、東洋拓殖、大阪商船、日清汽船という具合に、日本の代表的な会社の大株主で、皇室の財産は絶大なものでした。それが敗戦のドサクサで、多くは国有財産になったが、そのかなりの部分が流れて、裏の資金として消えてしまい、その行《ゆく》方《え》がはっきりしない。

藤原　戦時中は国家社会主義で、官僚が支配権を握ったし、財産は大蔵官僚が管理したから、大蔵官僚が政界に乗り込み、それを裏会計で動かして、経済再生の原資に使ったのです。そのキイにいたのが池田勇人《はやと》で、彼の権力は絶大だったから、戦後財政の骨格になるものは、池田が考えたと言います。政治家が補助金を利権にして、それに群がるシステムが、日本を動かして来ましたが、その転換期が敗戦の混乱です。

舎人　それが鍵になりますよ。この間ある組織を調べたら、92歳の婆さんが総裁をやっていて、260人以上の国会議員が、そこの支持者を構成し、対外援助の資金に群がっていた。発展途上の16か国と提携し、移住労働者を動かす財団法人で、活動自体が利権になり、1961年から活動しているが、その婆さんは中野良子といって、会津松平の系譜の人間です。

藤原　中野良子なら知っており、浜松の中野学園の創立者で、愛国教育をする国家主義者だが、外務省の外郭団体のオイスカは、確か、杉並に本部がありました。20年ほど前の読者だが、そこの記者をやっていて、会報を10年くらい送って来たから、自民党と右翼の関係を知る、色んな情報が書いてあった。

舎人　海外援助資金があるので、政治家が群がるのです。

藤原　確か、中野與之助《よのすけ》という人が、中野良子を養女にして、背後から組織を操っており、三五教《あなない》とかいう教団で、新興宗教では養女に愛人が多く、熱海の観音教でもそうでした。

舎人　戦後の新興宗教の多くが、大本教《おおもと》の流れを汲《く》んでおり、これは神道系の新興宗教として、出口王仁三郎《でぐちおにさぶろう》の貢献で、天皇制と激突したために、弾圧されて解体させら

れています。

藤原　創価学会は日蓮《にちれん》を讃えるが、源流は大日本皇道立教会で、国家主義の新興宗教として発足し、その根底は一神教であり、国粋主義者の集まりだった。その写真は『ゾンビ政治の解体新書』の中に、証拠として掲載してあるが、そこには創始者の牧口常三郎、戸田城聖や児玉誉士夫《こだまよしお》と並び、海軍の野村吉三郎が写っている。

松下電器の子会社である、日本ビクターの社長として、戦後の野村はＣＩＡの連絡役を果たし、海軍の隠匿物資の関係で、松下電器を大会社にした、陰の功労者だと言いますね。

舎人　戦前の松下電器は軍需会社で、松下航空機や松下船舶を持ち、木製の飛行機や戦艦を作っていたし、海軍から通信機用として、プラチナを預かっていた。敗戦で日立や東芝は白金を返したが、松下は返さずに着服して、それで野村を引き取ったと噂《うわさ》され、経営の神様の正体は怪しく、あれはＰＨＰを使った宣伝で、捜せば隠した秘密がバレます。松下幸之助の人脈として、大徳寺の立花大亀が重要であり、この人脈を辿《たど》って行けば、三島の龍沢寺《りゅうたくじ》の山本玄峰《げんぽう》とか、田中清玄が登場するから、戦後の歴史の謎が解けます。

藤原　田中清玄とオットー大公が、「道徳再武装」に結びつき、モンペルラン協会の戦略として、戦後の日本の逆コースのため、ＰＨＰの松下が政経塾を作り、自公体制を救った仕掛けまで、浮かび上がってきますね。

【休憩室その1】

M資金に関して多くのことが、戦後の日本で取《と》り沙汰《ざた》されたが、決定打と呼ばれる本は未だ描かれておらず、断片的な記事が散見するだけで、巨大な謎としてその解明を待ち侘《わ》びている。それは天皇家の財産と共に、満州の利権に関係しているだけでなく、隠匿物資の行方に結び付くから、日本における最大のタブーであり、下手に近づくと死と結びつき、恐れて誰も近づこうとしない。また、当事者の多くが幽界に旅立ち、安倍内閣の手口と同じように、高級官僚による忖度《そんたく》と証拠隠滅により、物的証拠が葬られたので、真相の解明が至って難しいのである。

創価学会の源流をたどれば、大日本皇道立教会に行きつき、創立者である牧口常三郎の獄死が、国家権力に抵抗した、殉死であるという神話が、果たして成り立つかの疑問に到達する。敵対する者は反発するが、近親憎悪よりは弱いことは、歴史が教える教訓であり、国際派と国内派の対立が、共産主義の内ゲバを生んでいるし、キリスト教においても魔女裁判や30年戦争に、新教と旧教の相克があった。

二項対立の双極性が普通だが、最近の物理学の成果に、単磁性の問題が登場して、白と黒の対立ではなく、白と白の対立もあるのが、自然の摂理だと理解される。この考えを受け入れて、物事を捉え直すことで、新たな視界が開けてくるし、ゲシュタルトと同じように、より抽象度が高くなり、次元の展開が簡単になる。

満州で帝王だった甘粕正彦《あまかすまさひこ》は、三重県の津中学の後輩に弟の二郎がいて、三菱信託の会長を務め、満州の甘粕資金を扱い、それは三菱銀行四谷支店で、その運用を担当していた。しかも、信濃町に本部を置いた、創価学会は10兆円の資金を持ち、預金は三菱銀行であり、池田大作は金貸しで、そのファンドは三菱と京都が、担当したと言われている。

なぜ、京都が闇金融の天国で、暴力団と黒幕が結集して、詐欺商売の饗宴《きょうえん》を演じるかは、闇の世界があるからであり、それに関わり監視するのが、誰であるかが歴史の謎である。京都は盆地で湧水《ゆうすい》に恵まれ、豆腐が美味《うま》い町であり、お寺の精進料理も豆腐だが、そこに流れる地下水脈は、金脈にも結び付くのである。

第二章　異常気象の謎とカミオカンデの爆裂

舎人　ここ数年の気象データは、おかしなことが続発して、平年並みは通用しなくなり、変な発狂状態が続くので、ハープの影響が拡大している。先生が言っているスカラー波が、どう関係しているかが問題で、電磁波の勉強をしてみたが、理解するのがとても難しい。

藤原　電磁波の研究はロシアが先端で、文献がロシア語だから、とても困難なのは当然であるし、ロシアには違う物理学が、存在するという話があり、現状ではお手上げ状態です。

舎人　そんなに差があるのですか。

藤原　核融合の研究において、アメリカはレーザー光線だが、ソ連はトカマク法を採用したので、電磁場理論が進んだらしく、兵器の実用化では米国が勝ち、基礎研究ではロシアが進んだ。だから、ハープ兵器はアメリカで、それがあったから冷戦に勝ったが、科学の基礎研究では、ロシアに負けたために、科学者をイスラエルがスカウトして、「漁夫の利」を得たそうです。

舎人　ハープの話になりますが、地上から１１０㎞の電離層に、アンテナを使って熱チャージして、オーロラ効果を活用し、エネルギーを生かす計画が、論じられていると聞いています。

藤原　スカラー波と地震の関係で、潜水艦クルスクが沈没した時（２０００年）に、震度３の地震が発生しており、ＮＹの９１１事件の時は、地震は震度１だった。だが、普通の地震に伴っている、Ｐ波とＳ波がないので、人工地震だと騒がれたが、研究の余地があっても、組織的に調べなければ、個人の手には負えない。軍事機密に結び付いており、一般のレベルに降りてないし、電磁場の問題は謎が多くて、オーロラの研究では、ロシアとカナダでしょう。

舎人　アラスカで研究して戻り、オーロラの権威として知られる、赤祖父俊一名誉教授が、皇太子にオーロラについて、御進講しているのです。北極圏と南極での研究が中心だが、現在の日本の研究は、岐阜県の神岡がセンターで、筑波学園都市と神岡を結ぶ、カミオカンデ計画がある。神岡の町の地下１０００ｍに、カミオカンデ装置を作り、ニュートリノの研究をしている。純水の瓶を70㎝間隔で、７０００本並べたのが爆裂し、原因を調べたが分からず、今度は１ｍ間隔に置き直したら、11粒のニュートリノが捕捉でき、間違いないと発表した。

大変な量のエネルギーが、中性子から生まれると、先生から聞いていたので、とても興味深いと注目して、ニュートリノを勉強し、カミオカンデに注目しているのに、分からないことが多すぎます。そのうちに小柴《こしば》博士が、ニュートリノの研究成果で、ノーベル賞をもらったから、驚いているところなのですよ。

藤原　反粒子の世界は難しくて、分かる人がほとんどいません。

舎人　素粒子の透過力を調べたら、核融合の研究テーマが、ニュートリノに擦り替えられて、何か変だという気がしました。

藤原　あり得ることです。筑波学園都市の先には、東海村の研究施設があり、何となく奇妙な感じですね。

舎人　ニュートリノは太陽系の外からで、太陽の熱源の核の問題とは、どう結びつくか分からないが、ハープとの関係を考えると、違和感が残る感じがします。先生が本の中で論じた、核エネルギーは太陽のもので、生命がいる地球上には無用だし、それを無視したアインシュタインは、無責任だという指摘が、なるほどと納得できた。軍事用に開発した技術は、あれやこれやと論じて、無知な大衆に公開しても、一時大騒ぎするだけだが、カネで解決できる分野で、実用化が出来ていると思います。

藤原　政府に分かる指導者がいて、NASAを作る問題意識を持ち、未来を見通す冴《さ》えた目がない限り、世襲代議士の日本では、先端技術の開発は無理です。

舎人　日本人は基礎研究よりも、モノ作りが得意な人種です。

藤原　だから、カミオカンデを作り上げて、ノーベル賞を貰った先生も、受賞の裏話になるものとしては、彼がシカゴ大学で仕事をやり、何かを作った功績ではないかと、私にはそんな感じがする。シカゴ大学にフェルミ研究所があり、そこはマンハッタン計画の中心で、基礎研究の頭脳を集めて、現場の仕事はロスアラモスだった。大学のフットボール場の地下に、実験室が作られていたが、研究室はその脇の地上で、そこは緑地の公園です。

舎人　偽装用に緑地にしたなら、誰も原爆研究とは思わない。

藤原　シカゴ大学はロックフェラーが、ウィーン学団の米国支部として、カネを出して作った大学で、ハプスブルグと密着しており、中欧系の学者が多いのです。目立たなくても凄《すご》い学者が、綺羅星《きらほし》のように集まり、その道の世界一が多いから、ノーベル賞でも米国一で、シカゴは70人だが、ハーバードは40人です。もっとも、経済学賞のようなインチキ賞も、シカゴに集まっているから、褒められた話ではないが、事大主義の韓国人が好み、学生の最大のクラブは、韓国人学生クラブだった。私の娘が入った学年は、日本人系は一人だったが、韓国と台湾で１００人以上いて、石を投げると朝鮮語で、痛いと悲鳴が上がると言っていた。

大学の書庫を見るのが、私の趣味だったから、アメリカ中の図書館を訪れ、蔵書の内容を見て歩き、シカゴとプリンストンに、素晴らしい蔵書があった。図書館が気に入ったのと、娘が学生だったから、父兄として頻繁に訪れ、シカゴ大学について調べ、興味深いことが分かった。そんな体験からすると、小柴博士とカミオカンデは、彼が職人として装置を作り上げ、それが良い装置だったから、ご褒美として受賞したので、独創性よりも仕事の出来具合が、評価されたのだと感じます。

【休憩室その2】

シカゴ大学について論じた、天木直人大使との対談は、『財界にっぽん』の2010年5月号にあるが、その最後の部分を参考に貼り付ける。

「ノーベル賞に潜む奇妙な性格とネオコンの砦《とりで》「シカゴ大学」」

天木　アメリカ第二の大都市のシカゴの役割は、産業都市として揺るぎない。八〇年代はサンベルトが脚光を浴びるようになりましたが、北部は相対的に落ち目になり、私がいた頃のデトロイトは未だ活況でしたが、その後に襲った不況の深刻化を通じて、現在の自動車産業の没落になっている。しかも、アメリカが誇ったビッグスリーの頂点GMが、倒産によって解体してしまうとは、誰も予想もしなかった。

藤原　私自身は中西部に一〇年ほど住み、アメリカの共和主義を身近に体験することができました。中西部の共和党は奇妙な形で、シカゴ大学に収斂《しゅうれん》します。ロックフェラーが作った大学で、個性的な精神風土を構成していて、独特な政治地図を描いている。教授に特異な理論を持つ変人も多い。それはシカゴ大学を舞台にした『プルーフ』という映画で、数学教授を演じていたアンソニー・ホプキンスを見れば、シカゴ大学の変人学者の実態がよくわかる。ノーベル賞など歯牙《しが》にもかけない理由が納得できます。

天木　それでもシカゴ大学は受賞者の数で、世界一を誇る大学だと聞いています。

藤原　〇八年度の物理学賞を受けた、南部陽一郎博士は、シカゴ大学の理学部の名誉教授の日系アメリカ人ですが、彼で八二人目の受賞者です。物理学賞だけでこれまで三〇人、化学賞でも一六人が受賞している。

だが、それ以上にノーベル賞の対象にもならない、実に風変わりな発想をする学者がいて、ノーベル賞クラスの学者より個性的で、独創的な発想をする人材がキラ星です。賞をもらうということは、その研究が審査員が、評価できる程度のものと考えれば、ノーベル賞への幻想が消えますよ。

天木　しかし、異端扱いされてしまう危険がありますよ。

藤原　一般論としては、確かにその通りです。だが、受賞者の中にペテン師が紛れ込んでいたり、賞自体が詐欺話だったとするなら、どうでしょう。例えばノーベル平和賞は、ノーベル財団が決めるのではなく、ノルウェーの選考委員会が決めるものです。スウェーデンでは付録賞と呼んでいますよ。

天木　実際にノーベル平和賞は、実に胡散臭くて、キッシンジャーや佐藤栄作までが受賞している。どこまで平和に関係したかは疑問だし、今年のオバマの受賞は問題だらけです。

藤原　戦争を始めた人間が、戦争を止めた功績によって、平和賞をもらうのではマッチポンプです。だが、それよりも酷いのが経済学賞です。シカゴ大学では受賞者がこれまで二五人もいて、毎年のように、マネタリストが経済学賞をもらっている。実はノーベル経済学賞は、六九年にスウェーデン中央銀行が、勝手に「スウェーデン国立銀行賞」の名で作ったものです。それだけに、経済学賞がノーベル賞全体の価値を落としている。

天木　それにしても奇妙な話ですね。

藤原　大体からして、経済学はサイエンスとは無関係で、数学を使うので科学的に見えるが、人類のためにも平和にも、無関係な存在です。また、経済学は誤った仮定に基づいた思い込みに過ぎず、天動説と同じ種類の思い違いが、学説のような顔をして罷り通っている。だから、経済学賞の賞金だけは、課税対象なのですよ。

ノーベル賞についての話を知ったのは、八〇年代初期にソウルへ頻繁に行った時でした。韓国の財界や政界有力者の子供は、ソウル大学で学んでから、外国に留学する際、多くがシカゴ大学を選び、一種のシカゴ閥と呼べる集団を作っています。その鍵はノーベル賞でした。日本人はアイビー・リーグが好きだから、留学の主流はハーバードやコロンビア大ですが、韓国人は事大主義の傾向が強いために、ノーベル賞受賞者が多い、シカゴ大学を選ぶ。

天木　それは面白い大学の比較ですね。

藤原　知人のハーバード大学教授が、娘さんをシカゴ大に行かせている、というので理由を尋ねたら、ハーバードの新入生は三〇〇〇人に対して、シカゴは七〇〇人で少人数制、しかも、教養課程が優れていると。また、古典を読ませるなど、コア・カリキュラムで徹底的に訓練するから、思想的に厚みのある人材が育つというのです。

私はカリファルニアの保守的な、ペパーダイン大学で総長顧問になって、世界中の大学の総長や学長を訪問した。そして、世界で最も保守的な大学はジェズイット系だが、シカゴ大学は別の意味で、保守派の砦だと感じた。

そこで、娘を学部に入れて父兄の立場になり、親子の対面を口実に使い、頻繁に大学を訪れて、教授たちと議論しながら様子を探った。その結果、シカゴとニューヨークは対立軸を構成していて、これが米国を理解する鍵だとわかったのです。

シカゴ人脈のオバマが勝ちでＮＹ出のヒラリーが負けた

天木　シカゴから出たオバマが大統領になって、ニューヨークのヒラリー・クリントン候補を破ったことも、そうした対立軸で見ると興味深いですね。

藤原　オバマはシカゴ大学の法学部で、憲法の講義をしていた時期があって、現在は休職中ですが、いわゆるシカゴ人脈です。この二つの対立軸で、アメリカの政治を見ると、今回はニューヨークが没落しシカゴが勝った。これは日本にとっても重要で、つまり、従来の浮利を求めた金融より、シカゴ的な資源を求めて、世界に出て行くことが、いかに大切な戦略になるかが予想できる。だが、残念ながら、日本にはそれに気付く人材がいない。

天木　確かに、中西部はアメリカの保守思想の別天地であり、シカゴ大学がその砦ですが、特に政治学部のレオ・シュトラウス教授の流れは、アメリカの保守思想が未だに支配しており、大きな影響力を保持しています。

藤原　彼はネオコン思想のゴッドファーザーとも呼ばれる。強烈なシオニストで、フッサールとハイデッガーの弟子で、「強者がルールを作り、弱者が従属する」という考えの下に、学派を作り一世を風靡《ふうび》した。また反動思想の権化的な学者で、中世を支配した、アリストテレスの神権思想の世界観の体現者として、バチカンの支配原理の盲信者で、神の摂理としての自然法を絶対視していた。

中世から近代にかけての政治思想は、英国のトーマス・ホッブズから、ジョン・ロックを経て、フランスのモンテスキューや、ジャン・ジャック・ルソーにより、自然権から人権の確立へと変化したのに、シュトラウスは自然権以前の自然法に基づいた、社会関係の在り方に、逆戻りする思想家でした。

天木　それと、ハイエク流の反共思想が並び立った形で、シカゴ大学で教えられていたことは、反統制思想の流れとして非常に面白い。とはいえ、シカゴ学派には、多彩な学者が並んでいます。同じ大学内での対立はなかったのでしょうか。シカゴ学派の総帥には、自由主義の思想を構築した、フランク・ナイト教授がいるが、その弟子のミルトン・フリードマン教授はマネタリストで、ナイト教授が主張した、道徳哲学の路線は受け継がなかった。

藤原　その辺のことはよくわかりませんが、経済学や政治学は、とても科学と呼べないし、自由経済をエゴイズムと読み替えるなら、経済学などは詐欺商法の「虎の巻」です。今をときめく新古典派の経済学の実態は、私的な利益を求めることが正しくて、私利私欲が社会を活性化する原動力だ、と思い込むために、「公共善」の価値を見失っている。そこからネオコン思想が湧き出して、弱肉強食で世界を痛めつけた。行き着くところは資本主義の自己解体でした。マルクス経済学やケインズ経済学にしても、思い込みという点では同類で、真理の解明とは、まったく無縁の世界です。「神の見えざる手」など信用できない妄想です。

シュトラウスの弟子には、『アメリカン・マインドの終焉《しゅうえん》』を書いた、アラン・ブルーム教授や、アルバート・ウォールステッター教授がいます。ウォールステッターを指導教授にしたのが、戦争屋のポール・ウォルフォウィッツ国防次官補であり、その自己主張が資本主義を破滅させてきた。また、シュトラウスやブルームなどの信奉者が、八〇年代の政治を動かした、レーガンやサッチャーで、あの時期からネオコンが勢力を持ち始めた。

天木　ノーベル賞を取ったフリードマン教授は、マネタリストとして金融や経済の方面で、日本人にはよく知られています。シュトラウス教授に学んだ日本人はいないのですか。

藤原　少ないですね。ただ、ハイエクやフリードマンとの関係では、立教大学の西山千明教授がその弟子で、ハイエクが作った、モンペルラン協会の日本代表でした。この自由主義を世界に広める反共組織は、右翼の田中清玄が私淑した、オットー・ハプスブルグ大公がパトロンで、スイス・レマン湖畔の、ペルラン山の裾《すそ》に本部があり、ハイエクと田中の接点に立花大亀がいて、最後には山口組に繋がって行くのです。

日本人でシュトラウス学派に属す政治学者には、ハンナ・アレントやハンス・モーゲンソーに師事した、保守派の理論家である片岡鉄哉博士がいます。スタンフォード大学に陣取って活躍しましたが、弟子たちは御用学者や、ヨタカ評論家ばかりでした。シュトラウスはロンドン大学時代には、あのジョージ・ソロスが師事した、カール・ポパー教授の好敵手だったから、投資ファンドの首脳陣たちの中には、シュトラウス信奉者が多い。

東海岸に陣取る、連邦政府にシカゴ学派が立ち向かう理由

天木　日本人は東部と西部の海岸地帯が好きで、アメリカ大陸の中央にある、共和党ベルトに関心を払わずに、ワシントンの共和党ばかり注目しています。

藤原　フランスの大学で現代史を学んだので、ナポレオンが簒奪《さんだつ》したフランスの共和主義と、それに対抗したハプスブルグ家を中核にした神聖同盟が、アメリカで鏡像を作っていると読めた。しかも、東部にはフランスとオランダの共和主義が根付いて、それがピューリタニズムと混じり合い、シカゴが中心の中西部には、神聖同盟の関係で、ハプスブルグ家の思想が移植されたと。

天木　ヨーロッパの歴史が、転写された形をとって、現在のアメリカに移植されているという考えは、地政学的な観点から見ても興味深い。だから、東海岸に陣取るFRB（連邦準備理事会）や連邦政府に対して、シカゴ学派は執拗《しつよう》に立ち向かうのだし、そこには対抗意識が刷り込まれている。

藤原　シカゴ学派の源流には、神聖同盟があって、ナポレオン以前の皇族たちが誇っていた、やりたい放題としてのエゴイズムが、自由の旗印の下に集まる構図が見えます。だから、中心にロックフェラー教会が聳《そび》え立つ形で、シカゴ大学でゴシック再生様式を生かして作り、ハートランド（ユーラシア大陸の中核地域）に君臨した、中欧の帝国に似せて、資源や工業製品の王国を君臨させた。それに対して、リムランド（ユーラシア沿岸地帯）の性格を持つニューヨークは、金融やファッションが中心の帝都として、ロンドンやアムステルダムを体現させて、産業構造上の棲《す》み分けを作った。

天木　そういう視点で米国を捉え直すと、見えなかった構造が浮かび上がります。

藤原　経済学者たちが論じる、均衡や変動の問題は、生理現象における螺旋《らせん》運動と捉えることで、トポロジーを使って理解すれば、実に単純です。しかも、カネではなくエネルギー問題として理解し、グロスではなくネットで計算することにより、エクセルギーを使えば通貨問題は解決します。そうすれば、シカゴ学派の経済学賞は無用になって、ノーベル経済学が無価値だと証明されるし、ネオコンの覇権主義に、破産宣告することにより、賤民《せんみん》資本主義の罠から抜け出せるのです。

天木　それが米国の覇権主義を解消する鍵であり、その意味でシカゴを巡る議論が、今後の日米関係を考える上でのヒントとして、大いに参考になると思います」

第三章 満蒙《まんもう》を源流にする右翼の動きと大阿闍梨《だいあじゃり》の持つ影響力の源泉

舎人 （2002年）この春に会った時の話では、この夏に藤原さんはモンゴルに行って、いろいろと偵察してくる、ということだったが、旅行の成果はどんなものでしたか。土産話として興味深いものを、私は期待して来ましたが、掘り出し物は何だったのでしょうか。

藤原 期待はずれで誠に申し訳ないが、実は、まだ行っていないというのは、私がモンゴルへ行くのを妨害する人がいて、そのせいで話が中断した状態です。一緒に行こうと誘ってくれた池口恵観《いけぐちえかん》和尚は、私の本の熱心な読者だし、是非ともと努力してくれているのに、どうも話がスムーズに行かないのです。

モンゴルはユーラシア大陸の中心で、そこを兵用地誌の観点で、私の目で現地視察すれば、ロシアと中国の間に位置しているから、中国を北側から展望することにより、地政学的にも極めて重要だし、土地カンを磨けると思います。別にスパイをするわけではなく、土地カンがあれば衛星写真だけで、およそのことが見当がつくのに、日本には訓練された人がいないから、石油ビジネスで鍛えた私の目では、欧米に10年以上も遅れています。

ところで、10日ほど前に石井代議士が暗殺され、いやな時代が始まったと思うが、この事件と私のモンゴル行きとが、微妙な形で結びついている感じがして、不気味な印象を持っています。というのは、偶然と言えば奇妙な重なり具合で、モンゴル行きを妨害していたのが、殺された石井代議士の政策秘書を名乗って、ナントカ修《おさむ》という名前です。この男は元サンケイの政治部記者で、実に悪辣《あくらつ》な人相の持ち主であり、池口さんにも密着していた。

私にモンゴル行を誘った、池口恵観和尚は、高野山の大阿闍梨として有名だが、鹿児島で最福寺の住職をやっており、「炎の行者」として護摩《ごま》修行を行い、思想的には民族派の右翼です。彼は若い頃に自衛隊のクーデタに関係し、「三無事件」の容疑者として逮捕され、ブタ箱に入った経歴の持ち主だが、私の本の熱心な読者でもあり、親しく付き合って来た関係です。

「註：三無《さんゆう》事件は、1961年12月12日に日本で発覚したクーデター未遂事件。旧日本軍の元将校らが画策した事件で、初めて破壊活動防止法の適用により、有罪判決が下された。三無とは無税・無失業・無戦争の「三無」という主張である。発生当時は国史会事件と称された。1961年12月12日に警視庁等が32カ所を一斉捜索、川南豊作他13人を逮捕し、日本刀、ライフル銃、防毒マスクなどを押収した。池口恵観の法廷での証言としては、事件への関与を認めた池口は検察側証人として出廷し、事件発覚の二カ月前の10月はじめに川南の紹介で、衆議院議員・馬場元治の秘書になり、国会議事堂内の電源・通信機器の配置や、警備員の数の調査を依頼されたこと、200人で国会を襲撃するに際しては、議員秘書の池口が国会内部から、突入のタイミングの合図を送る役割だった、と証言している。池口本人は関与の度合いが薄いとして、不起訴、釈放されている。」

舎人　あの三無事件ならよく知っているし、未遂で終わったクーデタ事件として、余り褒められたものでないが、藤原さんの読者の一人でしたか。石井議員の暗殺事件に関しては、犯人そのものには興味がないが、面白い体験をしたのでその件について、後でまた話すことにしましょう。むしろ、私としては藤原さんのモンゴル行に、この池口和尚が関係していただけでなく、石井の秘書が妨害した話の方が、おかしな殺人事件よりも、気になるのであり、そのことから始めたらと思います。

藤原　池口さんは鹿児島に寺を持つだけでなく、江の島大師という分院を持っていて、月末に10日ほどは江の島に来るので、その時に「恵観塾」という名前で、ホテル・ニューオータニで勉強会をやっている。彼は宗教家として心理学に精通し、山口大学から医学博士号を貰い、色んな大学の医学部の客員教授だし、日本国内の大学だけでなく、ハバロフスク医科大学などでも、客員教授としての肩書を持っています。

しかも、相撲の旭鷲山《きょくしゅうざん》のメンターとして、モンゴルにはよく出掛けて行き、それで一緒に行こうと誘われた。また、『財界にっぽん』の編集長は、私の20年来の友人として付き合っており、一橋を出た真面目な編集者で、草柳大蔵の弟子筋の人として、池口和尚のスピーチライター兼ゴーストライターです。

数年前に彼から勉強会に誘われ、出席したら幹事役が、トップ屋の若宮清で、彼はアキノ暗殺を目撃した記者だし、読者として私の名前を知っていました。彼は徳田虎雄と石原慎太郎を結び、二人の間を動くトップ屋であり、池口さんのメッセンジャーとして働き、平和相互の小宮山会長の秘書もやり、裏の世界にとても精通していた。また、若宮記者は早稲田の出身であり、江口さんの話では、石井の秘書のナントカと同級で、この元サンケイの政治部の記者は、池口さんにピッタリ張り付いて、旅行や会見の手配をしていたという。

彼はロシアのコネも持っており、ことによるとKGB筋かも知れない。石井議員も不用意だと思って、私は奇妙な印象が残ったが、こんな人物が妨害工作をしていた。それにしても、石井代議士はモスクワ大学に留学し、法学部で修士論文を書いており、

ＫＧＢに人脈があっても良いし、有能なら使いこなせば良いだけだが、暗殺されてしまったのです。池口さんのロシア・コネクションの主役は、山梨県の都留文科大学の教授で、日本文化に詳しいロシア人であり、彼がロシアのアカデミーの上層部に、強い人脈を持っているのです。

私の日本での取材源は、外国特派員協会で、あそこの特派員の多くは読者だし、その何割かは諜報機関のカバーだが、そんな連中を相手にするのは愉快です。お茶を飲んだり食事をしながら、相手と頭脳ゲームをやることで、彼らが集めた情報を引っ張り出し、適当にヒントを与えてやる。

彼らは組織と肩書を持っているから、適当にガイドして利用すれば、インタビューで情報を取ってくるので、次の機会に聞き出せば良いし、国内取材の手足として役に立つ。同じように日本人記者やトップ屋は、取材力を持つので利用価値があり、与える以上の情報を取ればいい。

彼らの手引きで人に会えば、日本の外にいても、私はオイルマンとして、国内で何が進行しているかに関しては、かなりの精度で把握が可能です。石井代議士の刺殺事件については、外国特派員と話をしてみたが、伊藤とかいう男が真犯人だとは、誰も考えていないのに、日本人は犯人だと思い込んで、疑おうとしないのだから驚きです。

【休憩室その3】

この日の対話はいつもと違い、私に舎人が留守中の日本の情勢や、皇室にまつわる動きの報告ではなく、逆に相手側がある人物に関心を持ち、質問して来たという事情があり、私が喋る形の対話になった。また、相手に私の動きを明かすのは、身の安全に危険なので、春にこの舎人に会った時に、私はモンゴルに行くと言い、和尚から北朝鮮に誘われたとは、言わなかったのである。

いつもの情報収集と違い、相手に好きなように喋らせ、自分の側については、余計なことを言わないで、聞き役に回るのが最良なのに、この時は逆の立場で話をした。そして、池口恵観という政界と密着して行動し、世界を舞台にして活躍している、真言宗の大阿闍梨について、藤原がその交友関係を織り交ぜながら解説し、日本の状況を世界の側から捉え、紹介しているのであるが、第二編第三章の記事の背後には、こんな対話があった一例だ。

この日は石井代議士が暗殺されて、10日ほど経った時だったので、それについて話したことについては、その件を第一章に纏めてある。その前に二人が会った挨拶に続き、近況を交換して喋って、私のモンゴルへの旅行が、どんなものだったかを尋ねられ、それに答える形で話が始まった。

池口和尚と私の出会いは、1990年代後半だと思うが、親しかった『財界にっぽん』の編集長が、和尚のゴーストライターで、私が彼にインタビューをやり、記事にしたものを引用していたので、引き合わせられたらしい。そして、和尚がニューオオタニで毎月行う、勉強会にも何度か招かれ、そこで国際情勢について、意見をも述べたりもした。

最初の頃は大臣クラスや、自民党幹部や記者が出席し、保守派の動きを探る上で、多少は参考になったが、次第に国家主義者が増え、右翼の集まりになったから、出席するのが嫌になった。それでも世紀の変わり目頃に、池口和尚が若宮清と一緒にロスに来て、その時のことを記事に纏め、『財界にっぽん』の2002年9月号に、「広島市立美術館に贈られた「サン・ミゲルの娘たち」と題して記事にした。

池口和尚は一種の怪僧で、ロシア科学アカデミー会員だし、ロシア政府の首脳にも親しいから、雑談しても情報が取れて、付き合って面白かったが、彼の情報収集能力は低い。それでも、原潜クルスクが沈没して、乗組員の慰霊を執り行い、クロンスタット軍港に行った話は、興味深いので記事にし、『財界にっぽん』の2003年3月号と次号に発表した、「宗教者による世界平和会議が生む行動力が世界を破滅から救う」は、私と和尚の関係を知る上で、役に立つので冒頭部を引用する。こんな関係に着目して、皇室は私の記事や本を読んでいたのだろう。世界の諜報関係も同じで、自由な立場で情報だけを書き、一般人向けの解説はしないで、ヒントだけを提供したから、プロは愛読していたが、大衆は読まないけれど、それが私の遊びでもあった。

原潜クルスクの沈没とWTCビル崩壊を結ぶ悪縁を絶つ

藤原肇VS池口恵観

「虚《むな》しく往《ゆ》いて実《み》ちて帰る」ことの喜び

藤原　わざわざ成田空港から電話を頂きまして、全く予想もしていなかったので恐縮です。池口先生は未だペテルグラードだと思っていたのに、「いま成田に到着しました。さっそくですが今日の午後に会いたいので、時間を空けて貰えますか」、という電話の声が飛び込んできたから、突然だったので驚いてしまいました。

池口　いやいや、突然の電話で驚かして、申し訳ありません。ことによると、藤原さんはアメリカにもう帰ったのではないかと思い、果たして会えるかどうかと心配したのですが、未だ日本にいらっしゃったので、お会いでき何よりでした。それにしても、ロシアから日本まではシベリア上空を横断するために、長いこと座席に座っていないといけないし、一刻も早く成田に着きたくて落ち着きませんでした。

藤原　時差ボケのために疲れているはずだのに、こうやって東京の俗界で一緒に喋っているのだから、恵観さんは実にタフだと感嘆させられますよ。きっと長年の修行で、鍛えたせいだと思いますが、その無尽蔵のエネルギーは凄《すご》いですね。

池口　「虚しく往いて実ちて帰る」ということであり、この弘法大師の言葉が教えて下さっている通りで、行く時より充実した気分で帰った以上は、疲れなんかが出るわけがありません。

今回の旅はとても実り多いものになりまして、世界平和のために貢献する糸口が摑《つか》めたので、本当に嬉しいことだと、心から喜んでおります。

藤原　そうですか、それはよかったですね。冷戦後のアメリカの一国覇権主義のために、多元主義による国際的な均衡関係が崩れて、一方的なアフガン攻撃が始まってしまったし、国際情勢はキナ臭い方向で進展しており、世界は平和路線から急速にズレています。それだけに、世界平和の重要性が高まっている時だから、誰かが積極的に、イニシアチブを取る必要があるが、恵観さんがその糸口を見つけて来られたのは、とても素晴らしいことだと思います。それで、恵観さんの今回のロシア訪問旅行の目的は、原子力潜水艦「クルスク」の沈没事故で亡くなった、乗組員さんたちの慰霊のためだと聞いたのですが……。

池口　そうなんです。事故で亡くなった乗組員たちの霊を供養して、その冥福《めいふく》を祈ることが、ロシア行きの主要目的でした。しかし、その前にロシアの中で、唯一の仏教国のカルムイク共和国を訪れて、ケサン・イルムジノフ大統領にお目にかかり、世界平和について、心を開いて語り合って来たお蔭《かげ》で、先ほど言った実ちて帰った気持ちになりました。

私がここで書いているのは、新聞二面の「首相の動静」に似て、ヒントとしてのデータを提供するが、分析や評価は相手に任せ、歴史の証言を残すためだ。一次情報のアーカイブであり、行間を読むインテリジェンスの楽しみは、読者の側に残しておくのである。

これが欧米のジャーナリズムを始め、文学や学問のやり方で、給料や原稿料稼ぎのために、記事を書くのとは違い、未来の読者に向けて、書くことは道楽である。だから、その点で後進国の日本は、新聞や雑誌の記事が単調で、単なる世間話の知識は得ても、自らの頭で考えて謎を解く、醍醐味《だいごみ》に欠けることになり、知的好奇心が活性化しない。

文章は情報の質が肝心で、読み易い文体に釣られ、愚劣な本がベストセラーになり、中身は二の次だから、最近では書店に並ぶ本は、詰まらないものが圧倒的だ。私の本は説明がなく、読みづらいというのが、最近の編集者の多くで、売れないからと出さず、仕方がないと思い、自力で電子本にしている。

ここで私と和尚の関係で、ある意味でクライマックスとして、何らかの歴史に意味を持ったものに、同じ『財界にっぽん』の2007年11月号に、発表した公開状が存在するので、散逸すると勿体ないから、資料として以下に収録する。

「ドン詰まりの安倍レジームという無責任政治に引導を渡そう

藤原肇（フリーランス・ジャーナリスト）在米

結びのご挨拶

小泉から安倍へとゾンビ政治の主役が変わったが、国内のメディアは狭い枠組みでしか扱わないので、日本を世界がどう見るかについて、記録を残す必要があると考えたために、短期連載の形で書き続けてきた。だが、無能な閣僚で構成する安倍政権の迷走に加えて、議論抜きの強行採決の繰り返しにより、安倍に全くの指導性がないことが露見してしまい、世界中が安倍内閣の暴政に注目したので、狂った政治のせいで日本の信用と評価は大崩壊した。

そのせいで連載が予想外に続いたが、短期連載を1年も続けるのはみっともないことだから、これが最終回ということでけじめをつけ、次はどんな形にするかは改めて考えることにしたい。国民から参議院選挙で不信任を突きつけられて、安倍が率いた自民党は歴史的な大敗北を喫した。だが、責任を取って首相辞任をする代わりに、安倍は身勝手な口実で権力にしがみついて居直り、こんな恥知らずがまかり通っている。

池口さんが主催する月一度の勉強会には、閣僚から陣笠までの国会議員も出席しており、訪日した私も時にはその会に顔を出す。ご縁というか池口さんとの親交のお陰で、本誌でも対談が何度か活字になったし、『賢く生きる』(清流出版)に空海論が収録してあるから、池口和尚に親近感を持つ読者も多いはずだ。

平和を祈念する池口さんの宗教活動は、全世界を舞台にしてダイナミックに行われ、モンゴール共和国では「世界平和巡礼者」として、記念切手が発行され絶大な尊敬を集めており、現代における弘法大師の再来という人もいる。だから、池口大阿闍梨の前では俗界の肩書きは無意味であり、「門前の小僧」が首相に成り上がった安倍晋三などは、借りてきたトラ猫のように縮こまっている。そこで、責任を取らない安倍の居直りがみっともないし、世界から日本が嘲笑《ちょうしょう》されるのが心苦しいので、池口和尚に以下のような手紙を送った。

拝啓
砂漠の夏は連日45度に達する猛暑で、熱風の中で直射日光にあたると、いささか眩暈《めまい》を感じるほどですが、池口さんの護摩修行に較べたら楽なもので、とても泣き言などは言えないことは明らかです。元気にお過ごしでしょうか。
さて、訪日した温家宝首相の国会演説を分析した、『財界にっぽん』の記事のコピーを送りますので、大師の心眼を通した批判をしてください。私は日本人で中国に対して誇れる人物は、空海と湖南が最高だと確信しています。官職としての肩書きで見るならば、阿倍仲麻呂《あべのなかまろ》は国立図書館長になっていますが、地位や肩書きより人格と実力が価値であり、不比等《ふひと》の兄の藤原定恵や聖徳太子に較べても、阿倍仲麻呂は教養や人格面で一段劣ります。藤原定恵を一流とすれば空海は超一流であり、安倍仲麻呂は準一流と言えますから、褒められても大喜びするほどではありません。

素晴らしい人を褒め称《たた》えるのは当然のことで、くだらない人をダメと言うのと同じであり、評価能力のあることを実証しています。しかし、素晴らしい人を賞賛しないのと同じように、ダメな者を褒めるのは評価能力の欠如で、発言者の眼力のなさを証明してしまいます。『八正道』の戒めにおいて正語が説かれ、批判や諫言《かんげん》は避け愛語を好むせいで、どうしても褒め言葉の使用が増えてしまい、必要以上に耳触りのいい言葉が現れ、権力を持つ者への批判が行われないために、現在に見る価値評価の狂いを助長しています。

ニセ者や駄物を褒めて眼力のなさを露呈し、あの人はこの程度だったと言われた例は、歴史の中にたくさん見掛けるものですが、ダメなものを褒めないことは見識に属します。私は地質の専門家で地球の医者であり、医者は診断行為で嘘をつかないことが、ヒポクラテスの誓いとして、医学倫理でもありますし、江戸っ子だから嘘をつかず、ズバリ言うので、藤原は悪口を言うと誤解されがちです。江戸っ子の勝海舟は正直に断言したので、誤解されたが誠を貫く人だったことは、鹿児島生まれで西郷隆盛の誠実さを知り、「敬天愛人」の精神を敬う池口さんにとって、これは「言わずもがな」であると思います。

いつも送って頂く最福寺の「最友」にある、「恵観法主の日本救国論」という論考の中で、池口さんが安倍晋三の政治姿勢を褒めて、「最近の安倍総理の表情には、何か吹っ切れたものが感じられます」とか、「国家・国民のためには『戦後レジーム からの脱却』に全身全霊で取り組み、『美しい国・日本』の実現に一身をなげうつ、気迫を見せることが大切であります。」と書いた。

前人未到の偉業をなし遂げた池口大阿闍梨が、愚劣な権力者を称える過ちを犯すことに、今の私は強い危惧《きぐ》を感じざるを得ません。真言宗の伝燈《でんとう》大阿闍梨であることは、池口さんの人格が、弘法大師の遺徳に結びつき、智慧《ちえ》と洞察を示していることを証明しています。名誉ある智慧と洞察を光背に持つ池口さんが、安倍晋三という権勢に生きる俗世界人で、世界レベルの常識や教養において劣る権力者に、賞賛の声を与えていいのかと考えた結果、このような手紙をしたためた次第です。

だが、それを安倍が誤魔化していると見抜いたので、それが支持率の大暴落となったのだし、参議院選挙での大敗北になりました。安倍は己の姿を鏡に写して国民を誤解し、議会主義を踏みにじり強行採決に終始したが、日本人は安倍が思うほど愚劣ではなく、暴君化した安倍に破産宣告を突きつけました。

自由社会では株主総会で不信任されれば、執行部はその責任を取って辞職するものだし、そうやって責任を取ることが組織にとって、生命力の法燈を維持する上での鉄則です。選挙での大敗北は安倍政権への破産宣告であり、深く責任を取って辞職するのが当然です。

こんな破廉恥なことが横行するならば、恥知らずが率いる餓鬼道支配の国として、日本は全世界から嘲笑されることにより、国家の威信と尊厳はズタズタに崩れ去ります。また、先の戦争で死んだ230万の日本兵の六割が、餓死による戦没者であるという事実は、国家が犯した最大の戦争責任の証明だのに、日本人は未だ政治責任の追及をしていないし、安倍は再び戦時体制に復帰しようとしたのです。

学問の修練や厳しい修行を抜きにしたまま、「門前の小僧が習わぬ経を読む」というだけで、口先だけの虚飾の言葉で大衆をたぶらかし、カルト教団の熱狂に浮かれたというのが、安倍晋三という未熟な政治家の正体です。これは「心暗き人がいる処《ところ》、ことごとく災いなり」であり、このような妄語を語り亡国に導く為政者が、衆生《しゅじょう》を三途《さんず》の獄に沈めようとするのを見て、弘法大師はどのように嘆かれるでしょうか。

こうした悲惨な状況を大日如来の心で察すれば、国民から破産宣告された安倍は責任を取って、首相の地位を辞任するのが当然の理です。また、それを直接にアドバイスする立場にいるのは、一億日本人の中で池口恵観和尚だけであり、それが師傅《しふ》的な人の果たす責務だ、と思われてなりません。高野山真言宗伝燈大阿闍梨の池口さんが、ここで日本国救国伝燈大阿闍梨の恵観大師として、日本の未来のために、安倍晋三に辞任を勧告し、けじめの健在を蘇らせて頂くよう切望する次第です。

池口恵観法主猊下《げいか》

藤原肇

（米国に仮住まいしている江戸っ子）9月6日記」

この記事は［遠メガネで見た時代の曲がり角」と題し、『財界にっぽん』に12回にわたって連載し、その最終回のものとして、2007年11月号に掲載された。確か、2007年7月に万年筆で手紙を書き、鹿児島の池口和尚に送り、それをこの経済誌に公開状として寄稿したら、9月6日に受け取ったらしく、手紙には書いてない日付が、記事の最後に証拠として残っている。

それから後は歴史の謎で、安倍晋三は9月12日午後に、突然だが辞任を表明して、第一次安倍内閣は崩壊した。２日前に所信表明を行い、この日の午後に野党の代表質問があるのに、その直前に内閣を投げ出したので、首相の敵前逃亡だと顰蹙《ひんしゅく》を買ったし、腰抜けだと嘲笑されている。しかも、翌日には格好をつけるために、入院して誤魔化しているが、それを国会記者の佐藤圭はコラムに、次のようなコメントを書いている。

……安倍氏は２００７年９月12日午後、突然記者会見を開き、辞任を表明した。私は官邸の会見場にいた。安倍氏はこの辞任会見で、自らの病気については一言も触れていない。

安倍氏は２００７年７月の参院で惨敗し、ねじれ国会に。内閣改造で求心力の回復を図ったものの、インド洋での給油継続問題などの課題をめぐって政権運営が行き詰まっていた。安倍氏は記者会見で、給油継続問題について「民主党の小沢代表に党首会談を申し入れたが、断られた。私が首相を辞することで局面を転換したほうが良いと判断した」と辞任の理由を説明した。

「小沢氏のせいにしている」と思った。

安倍氏は首相辞任会見翌日の2007年9月13日午前、これまた突如として入院する。与謝野官房長官が会見で「首相の疲労がピークに達している」と説明した上で、辞任の理由が体調不良にあったかのように匂わせる。安倍氏の入院で首相不在の異常事態が発生した。辞任の理由が病気なのかどうかなのかよく分からないまま、安倍氏は入院先で首相の任期を終えた。

繰り返すが安倍氏は辞任会見で、自らの体調問題には一切触れていない。辞任の理由が病気にあるのであれば、安倍氏は会見で国民を欺いたわけだ。……

安倍の発作的な辞任に対し、日本人は唖然《あぜん》としていたが、メディアは余り追及しなかったらしく、暫くして読者の一人から、週刊誌のコピーが米国に届いた。そこに安倍の後見人として、池口和尚の存在を指摘し、何かがあったらしいと仄《ほの》めかしており、再起を祈るとの和尚のコメントが、ついてはいたがそれだけだった。万一尋ねられたとしても、当事者が口を割るわけがなく、そのまま有耶無耶《うやむや》で終わったが、安倍の無責任さに対して、徹底的に追及していたら、安倍の復活はなかったはずだ。だが、日本の政治は馴れ合いで、マスコミは批判精神を喪失しており、無責任体制が放置され、ゾンビとして復活して、無能政治家は放逐されずに、社会は食い荒らされたのだった。

安倍に続いて福田、麻生と、無能な自公政権が続き、リーマンショックを目撃して、米国を観察する理由を失い、30年近く住んだ米国から、私は招かれて台湾に砦を移した。そして、米国時代に仕上げていた、『さらば暴政』の出版を試みたが、どこの出版社からも断られ、最後は買い上げの条件で、やっと本を日本で送り出したが、書評は僅か一つだった。

売れ残りを引き取るのが、出版の条件だったから、それまで原稿料は貰わず、自腹で寄稿していたので、記事の中に本の広告を載せ、それで売れ残りを一掃した。「女がするのが売春で、男がやるのが売文だ」と考え、カネのためには書かないし、注文は受けない姿勢を貫き、言論活動をしてきた私は、次の世代への歴史の証言として、観察したことを纏めてきた。その代償に遊ばせて貰い、謎解きやトロンプ・ルイユ（騙し絵）を試み、そこに江戸っ子として、先祖伝来の風刺の心を託し、友人のマ

ッド・アマノの協力で、本の腰帯に細工を施した。葛飾北斎《かつしかほくさい》や大田南畝《おおたなんぽ》の薫陶で、「腰巻をまくると、お化けが出る」に、ゾンビ政治への愚弄《ぐろう》を託し、腰巻とも呼ぶ腰帯を使い、仕掛けをしたので楽しまれたい。

「暴政」とは人民を虐げる政治の在り方で、ペテン政治の別名である。郵貯のカネの禿鷹ファンドへの割譲を始め「カンポの宿」の政商へのたたき売りなど自公政権ペテン政治の正体が露見した。

本書では、世界が日本のゾンビ政治の実態を熟知しているのに、「知らぬは日本人ばかり」を演出した自民党政権の負の系譜を明らかにする。「世界を舞台に活躍する「江戸っ子」ジャーナリストの舌鋒炸裂《ぜっぽうさくれつ》!!!」が腰帯の文面である。

あとがき

東京五輪の前に日本を脱藩し、私はフランスに7年住み、学位を取って水のシンクタンクに入り、社会人としての第一歩は、サウジの国土開発計画に参加し、水を掘る仕事に従事した。それまで欧州やアフリカで、商社の資源コンサルタントとして、実務は体験していたとはいえ、石油大国で水を掘ったのだから、話としては実にチグハグだが、砂漠での体験は実り多かった。価値が低いと思っていたものでも、状況が変わると価値になり、砂漠では水が貴重品だが、安いので浪費していた石油でも、危機を作れば価格が高騰し、産業社会の死命を制すと私は気づき、1969年に石油ビジネスに転じた。

アメリカが経済大国として、20世紀の覇権を手にしたのは、国内にある大量の石油のお陰であり、地上最大のビジネスを支配し、米国は地上最強の大国になった。だから、テキサスで石油会社を経営し、それに挑むことが夢になり、石油帝国のアメリカに行き、その実現を果たしたかったが、「急がば回れ」という教訓がある。

それを英国きっての戦略家で、『戦略論』の名著を持つ、リーデル・ハートは秘伝として、「間接アプローチ」と論じており、私はそれに従うことにした。最終目的地のテキサスの前に、別の道場で修業を積み、実力をつける必要があり、とりあえず隣国のカナダで、実地訓練をすることにして、フランスから大西洋を渡った。

カナダの滞在は10年だったが、山下清の表現を借りれば、実力としては師団長であり、そこで退役して独立人として、ベンチャー事業に取り組み、先ずカンサス州で会社を作り、ハートランドに砦を作った。そして、著書を何冊か書いた自信に基づき、最終目的のテキサスに乗り込み、石油井戸を何本か掘ったが、仕事が環境汚染に直結し、抱いた夢も実現したので、石油ビジネスから引退して、より自由な人生に場を移した。

世界には聖地が沢山あり、古代巨石文明の持つ魅力は、何物にも代え難い上に、謎の秘密は解けないままに、われわれの挑戦を待つが、現代人には解く力がない。波動の問題に取り組む内に、電磁波とハープの問題が、身の回りで事件を起こし始めて、そんなことから読者の形で、舎人との対話が開始した。

その延長に謎解きとして、日本を洗う「深層海流」に、興味深い人脈が関わり、それが満州人脈と繋がり、京都の歴史の闇の中で、幕末に結び付くと判った。幕末の変動の震源地は、常に京都だったことから、江戸っ子の私にとって、京都の皇統からの情報が、大事だと理解したのだが、それから先は苦難続きだ。

＊　＊　＊　＊

米国に30年住んだ私は、最後の15年はフリーランスで、道楽にジャーナリストをしたから、『ゾンビ政体・大炎上』の中に、次のようなことも書いている。

「……パームスプリングスに二五年住み、ペパーダイン大学の総長顧問をし、ロスの国際空港を利用したので、私は月に二度三度は用事があって、ロスに出かけて取材をした。また、『加州毎日』に記事を書いたし、日本人街や韓国人街には、読者が沢山いた関係もあり、ロスの情報がかなり集まったから、それを『小泉純一郎と日本の病理』に使った。

だから、かつてロスに遊学していた安倍晋三が、ＫＣＩＡの朴東宣に可愛がられて、親しい関係を結んだお陰で、統一教会と親密だった話や、ロスに進出した暴力団が、いかに盛況だったかも書き込めた。……」

だから、ヨバリンダのニクソン図書館に行けば、正面入り口の大噴水は、笹川良一からの贈り物であり、銅の銘板が貼られているし、田中角栄の贈り物も飾ってある。また、ニクソンの隣人の女性で、パット・ニクソンの美容師に、インタビューした経験は、クエーカーのリチャードが、どんな人間か調べて見た。お陰でニクソンの心理を理解でき、ウォーターゲート事件の背後に、彼の異常性格があるのが分かり、小泉のサイコパスが理解出来た。調査報道は足と頭を使ってやり、十分な時間が必要であり、海外取材や特派員では、表面の現象しか分からないから、インテリジェンスにはならない。

だが、インテリジェンスが分かれば、笹川が競艇利権を得て、笹川財団を日本財団にして、曽野綾子を跡継に選び、支部の東京財団の理事長に、竹中平蔵を任命した理由が分かる。岸信介や文鮮明と共に、笹川や竹中がＣＩＡに繋がり、その子分の佐藤誠三郎や、読売の正力ポドムも仲間で、讃える書き屋が工藤美代子だと、一目瞭然《いちもくりようぜん》になるのである。

そうした日本アンダーグラウンドは、新聞記者や学者のように、給料を貰っている連中がやる仕事で、彼らは組織や資金もあり、それが天職のはずである。私のように知的好奇心から、外国が日本に何を仕掛け、故国を食い荒らそうとして、売国奴や詐欺師と結んで、悪さをするのを目撃し、歯ぎしりする男の任務ではない。ただ、「岡目八目」の国外にいて、半世紀も「離見の見」から、故国を遠望している立場で、読み取った観察をヒントに、誰かに提供すれば絵を描き、全体像にして貰えるだろう。そう思って50冊以上も、書いてきた本はジクソウパズルなら、断片の集合に過ぎないから、それを絵にすることは、国内にいる人の仕事だし、それから大掃除が始まるだろう。

＊　＊　＊　＊　＊

戦後における日本の社会は、満蒙《まんもう》人脈の流れが支配し、政界は岸信介を始めとした者たちが、アヘン人脈の電通を軸にして、それを囲む半島人脈である、児玉や笹川などのアングラ勢力と組み、ＣＩＡに操られて政治を動かした。

麻布から六本木界隈は、日本の租界で外国人が住み、戦後の日本の情報の宝庫で、彼らの観察した東京の姿は、歴史の構図を示しており、ジグソウパズルを組み立てる時に、思い掛けない断片に出会う。ウエズリー女子大を卒業した、アメリカ帰りの石橋安子が、六本木で遊んでいた頃に、笹川良一がそこに現れ、曽野綾子の出没を外国人が、好奇の目で観察している。

そんな戦後の光景があり、笹川、曽野、鳩山由紀夫が、三角形を作る構図について、工藤美代子はなぜ書こうとはせず、笹川や岸の評伝を作り、虚像をまき散らしているのか。そんなレベルの疑問は、特派員クラブで取材すれば、立ちどころに氷解するし、証人の連鎖反応は原爆並みだ。

私は韓国に30度以上も行き、著書がハングル訳されたので、読者には記者が何人もいるし、彼らが取材しに来るから、思いがけない情報までが、時には転がり込んで来たりする。朝鮮戦争のさなかの話だが、文鮮明が元山から脱出し、日本で笹川と勝共連合を組織し、南平台の岸の屋敷内を砦に、活動したことは誰でも知っているし、子供の安倍晋三も目撃していた。だが、ソウルに行けば笹川良一が、文尭の名で戸籍を持ち、そのコピーが見られるし、息子に同じ名を付けているのは、なぜかを教えてくれたりする。

だが、そうした事象の舞台は、半世紀も昔のことだし、私の興味も薄れていたので、誰か他の人に任せて、寛《くつろ》ぎたいと思っていたら、ゾンビ政治が猛威を振るった。そこでゾンビ政治について、何冊かを執筆したが、腰が抜けた日本の出版社は、どこも出版しようとせず、紙の代わりに電子版で、苦労しながら自力で出版を果たした。

そんな時に現れたのが、「男たちの悪巧み」と共に、「鳴沢村の哄笑《こうしょう》」の写真であり、ここにゾンビが大集合して、日本人を愚弄《ぐろう》する光景があった。

このゾンビの乱行に対して、邪心を封印するのには、舎人との対話の力を借り、穢《けが》れを祓《はら》いたいと考え、テープ起こしに取り組んだが、傘寿の人間には辛い仕事だった。

＊　＊　＊　＊　＊

本書を読破した読者には、『吉薗周蔵手記』を副読本として、一読することをお勧めするが、『ニューリーダー』には20年以上の連載で、通読するだけでも大変な仕事だ。また、成甲書房の『落合秘史』は、10冊余りの浩瀚《こうかん》な書だが、入手して拾い読みをするならば、時折だが「京都皇統」とか「さる筋」が顔を出し、それが本書の舎人と重なるのに、「おや」と思う人が多いことだろう。

私は『太平記』を読んだことがないし、南北朝に関心を持たないが、日本の幕末の歴史だけでなく、日露戦争の頃の政治史には、とても強い関心を抱いてきた。だから、パリやジュネーブで何が起き、どんな人物たちの繋がりが、現場であったかを現地調査して、留学時代の回想録に基づき、50年前に小説に仕立ててみた。それに本書は続くのである。

長い間それはお蔵入りだったが、傘寿を過ぎて余命が短くなり、あの世に片足を踏み込む体験をしたので、『アポロンのコンスタレーション』と題し、電子版で少しずつ公開することにした。文明開化に踏み切った日本が、岩倉遣欧使節団を派遣した時に、舞台としての外国の側から見て、何があったかという視座から、在野の史家の萩《はぎ》原延壽《わらのぶとし》の筆法に似せ、『遠い崖』のスタイルで描いてみた。

第3巻のジュネーブの出来事は、小さな一つの山場であり、『アポロンのコンスタレーション』第3巻から、その断片を引用すれば次の通りだ。

「……パリ・コミューンが勃発《ぼっぱつ》したのは、普仏戦争（1870−1871）の末期であり、戦争の惨敗への怒りの形で、プロシア軍のパリ占領で爆発し、首都での反政府蜂起《ほうき》を発生させて、パリの自治を求めた市民が、バリケードを作って抵抗した。1871年3月にプロシア軍がパリ入城し、それがパリ・コミューンを生み、5月の「血の一週間」の果てに、チエール政府に蹴散《けち》らされた。

労働者階級が作った自治政府は、プロイセンに支援された政府軍に、僅か二か月で鎮圧されたが、普仏戦争は1871年5月まで続いた。また、西園寺公望《さいおんじきんもち》は米国経由でパリに着き、余りに凄惨《せいさん》なパリを目撃し、旅の疲れを癒《いや》す目的を兼ねて、ジュネーブに移動していた。

ロシアの農奴解放政策は失敗し、その反動で一揆《いっき》や暴動が起き、ロシアの貴族や知識階級が立ち上がり、「ナロドニキ」運動への弾圧で、大量に西欧諸国へと亡命していた。大都会のパリはロシアと直結し、多くの亡命ロシア人が集まり、皇帝の秘密警察のスパイも多く、安心できないと判断したので、幹部はスイスに奥の院を設置したが、ジュネーブはその拠点だった。

ロシア南下を目指した東方問題が、トルコやバルカンで破綻《はたん》し、次は極東の不凍港の確保であることは、ロシア人の間で知られていた。日本学者のロニー教授の弟子の話から、この秘密を察知した西園寺は、ナロドニキの本拠地を訪れ、ジュネーブに滞在し様子を探り、情報が多いパリに戻り腰を据えた。

明治から昭和にかけての政治で、西園寺が果たした役割は大きく、その出発点にはパリ・コミューンと共に、ジュネーブでの体験があった。公卿《くげ》の清華《せいが》家に連なる西園寺公望は、19歳で三職の参与に抜擢《ばってき》され、戊辰《ぼしん》戦争の時に第二軍総督を歴任し、維新後に新潟府知事になり、出世街道を邁進《まいしん》する人生だった。

しかも、新潟府には佐渡の金山があり、幕府の直轄地は金の宝庫で、鉱山王の住友家と結ぶ徳大寺が実家だが、なぜ西園寺が利権や栄誉を捨て、パリに留学する気になったかは謎だ。幕末の指導者として知られた、木戸孝允《たかよし》や大村益次郎による、アドバイスだったと言うが、彼らは反仏の長州人脈に属し、フランス行きの推奨は筋違いだから、木戸は極秘情報でもあったのか。

1871年に西園寺はフランスに出発し、米国ではグラント大統領に会い、普仏戦争直後のパリに到着して、凄惨なパリ・コミューンを目撃した。政治学者のアコラス教授の私塾に学び、そこで後に大統領になった、クレマンソーと出会った西園寺は、パリ大学の法学部を卒業したが、学生時代の貴重な体験として、岩倉使節団のパリ訪問があった。

1872年に西園寺は大山巌《おおやまいわお》と再会し、カネを貸した記録があり、大山が西園寺のジュネーブ時代に住んだ、下宿を引き継いでいる理由が、なぜだったかは興味深い謎である。大山は観戦武官として訪仏し、半年で帰国してから出直して、陸軍少将を辞め留学生になり、ジュネーブに三年も住んでいた。彼は砲兵で山砲の専門家であり、西郷隆盛の従兄弟《いとこ》でもあるが、ウィーン万博を頻繁に訪れて、ヨーロッパ情勢を調べていた。

彼のフランス語の家庭教師は、亡命ロシア貴族のメチニコフで、アナキストの彼は13か国語を操り、革命家として世界を放浪し、イタリアでは「千人隊」に加わっており、英雄ガルバルディの副官だった。ジュネーブのローズリー小路界隈《かいわい》は、亡命ロシア貴族の巣窟で、メチニコフの周囲にはいつも、ゲルツェンやバクーニンが出没し、そこは近代史の生きたルツボだった。

渡欧した西園寺公望や大山巌は、幕末から世紀末の時期に、ジュネーブやパリの体験を通じて、自由を好む無政府主義者と出会い、パリ・コミューンの名残りを肌で感じた。それは１８４８年の残り香であり、明治人の理念の基礎として、自由と民権の理念と結びつく、ガルバルディの息吹でもあった。

＊　＊　＊　＊　＊

日本の歴史では脇役扱いだが、明治６（１８７３）年の政変の挫折《ざせつ》で、１８７４年の佐賀の乱を契機にして、秋月の乱や萩の乱が続き、１８７７年の西南戦争に発展した、一連の不平士族たちの反乱は、日本版のパリ・コミューンである。

しかも、１８４８年に巻き起こった革命の嵐は、青年党運動として吹き荒れ、ヨーロッパから日本にまで伝わったが、その遠因に産業革命があった。

産業革命の落とし子である、新興の無産階級による蜂起は、そこに技術集約型と労働集約型という、二種類の異なるタイプがあって、それが地域性と結びつく形で現れた。エネルギー多消費型の重工業は、石炭が豊かな北ヨーロッパ地域に、工業地帯を発達させており、多くの工場労働者を生み出した。

技術集約型は二つに分岐して、北ヨーロッパの重工業型に対し、山岳地域には精密工業が発達して、ジュラ山地やボヘミアでは、時計や兵器などが製造され、職人的な労働者が主役を演じた。また、伝統的な繊維産業の場合は、地域性と無関係に分布して、地場産業として発達したが、自然環境が支配する農業は、南部と東部において盛んだった。

だが、歴史的には文化の違いがあり、ロシアや東欧の農業では、農奴制の伝統が支配的だったが、西方では自作農が主体で、19世紀のヨーロッパを特徴づけた。現にロシアでは農奴の解放が、アレクサンドル二世の手で推進され、それに伴う「ナロドニキ運動」で、亡命貴族がロシアから脱出し、パリとジュネーブに拠点を作っていた。

日本では廃藩置県が行われ、帰国した大山は少将になったが、僅か8カ月だけ日本に滞在した後で、私費留学生になって再渡航し、ジュネーブで西園寺の下宿を引き継いだ。また、ロシア貴族のメチニコフは、大山に雇われフランス語を教えているが、彼は日本語学者のロニー教授から、スイスに日本の殿様がいると聞き、ジュネーブに移り住んでいた。

欧州歴訪の最後の国として、岩倉使節団は1873年6月末に、大山が住むジュネーブを訪れており、木戸孝允はメチニコフと歓談し、色んな知識を学び取っていた。メチニコフは『スイス論』を著し、小連邦体制度を論じていたが、その著者に会った木戸孝允は、教養人としてこの本を読んでいた。

子供のころから本を愛読して、思考を好む知識人に大成し、読書人階級に属す胆識人の木戸が、メチニコフと出会ったので、興味深い話題が交わされたに違いない。それが縁で東京外語大教授にと、歴戦の革命家は日本に招かれ、1874年4月にマルセイユを出航しており、彼は『回想の明治維新』を著している。

貧乏だった亡命貴族は東京外国語学校で、ロシア語の講座を受け持ったが、一年半の日本滞在で体調を崩し、再び住み馴れたスイスに戻った。この好奇心に満ちた革命家は、専制化を強めた明治の日本に、愛想を尽かしたのかも知れないが、彼の知識と人脈のお陰で、日露戦争の国難に影響がなかったか。

＊　＊　＊　＊　＊

このロシアの革命家に反して、大山は30年後に日露戦争の時に、日本軍の総司令官に昇進しているが、ロシア軍を破って革命に導き、ロシア帝国崩壊の原因を作り、世界史を動かした名将である。１８７３年のパリとジュネーブでは、変革期を生き抜いた英雄が、奇跡的な形で出会いを持ち、新生日本を作るための見聞を広め、理想の実現に努力しており、これはシンクロニシティである。

とりわけ木戸の存在は重要で、その後に政治家として大成し、首相になった弟子の伊藤博文、西園寺公望、大隈重信を始め、元勲の板垣退助や大久保利通は、「天下の棟梁《とうりよう》」と木戸を絶賛した。しかも、慧敏闊達《えいびんかったつ》で胆識を誇る木戸は、総てを見通す聡明《そうめい》の人として、好みが時計の蒐集《しゅうしゅう》だったが、それがジュネーブ訪問で身につけた、彼の趣味であるなら興味深い。

木戸孝允はリーダーとして、日本のビスマルク役を果たし、西園寺はソリードリッヒ二世の役で、不在だった西郷はナポレオンだが、大山はモルトケ将軍に相当した。また、産業界を育て上げた渋沢栄一は、日本のカーネギー役を演じ、西園寺の畏友《いゆう》の中江兆民は、東洋のルソーと呼ばれている。1873年のフランスとスイスには、ロシアの亡命貴族が蝟集しており、日本の傑物が出会いを持ったことで、革新の歴史は接点を共有した。……」

幕末から文明開化にかけて、明治の歴史は世界史を抜きに、理解するのは無謀で危険であるのに、これまでの歴史は薩長史観に毒され、日本史として描かれて来たのである。最近になって謀略史観のお陰で、グラバーやフルベッキに、脚光が当たるようになったし、19世紀後半の世界史として、捉え直されるようになり、幕末の歴史が面白くなった。

今や資本主義は爛熟期《らんじゅくき》から、腐敗に至る時期を迎えて、詐欺商売が殷賑《いんしん》を極め、その一例がソフトバンクだし、「世界の代表がドイツ銀行で、ババ抜き合戦が大流行である。そうした観点で眺めると。幕末は徳川慶喜にとって、【計画倒産】だった」と思うが、読者はそれをどう考えるか、それが私からの問題提起である。

追補

最後の段階にたどり着いたが、初校のゲラのチェックの段階で、最近の出来事とトランプ政権に関し、纏めのコメントが欲しいと、編集担当者から注文があった。こうした題目の展開は、普及書が本論で扱うもので、データや知識が中心である、How to本のテーマに属しており、why を扱う Meta 情報や、ゲシュタルト主体の本書向けではないが、緊急時なので書き足した。

インテリジェンスの本質は、情報の背後に潜んで、現象を作る構造を捉えて、自らの頭で考えて判断し、全体像を摑《つか》む営みだが、最近の日本ではそれが消え、理性に代わり感情ばかりである。2020年2月という時点は、歴史の大転換点に位置し、パラダイム・シフトを迎えるので、非常に重要であると考え、現時点を知る素養として、簡略に以下を付け加えた。

先ずドナルト・トランプだが、不動産業者から転じて、米国の大統領に成り上がり、国際政治を攪乱《かくらん》した男は、歴史に相似象を求めれば、秦《しん》帝国を作り上げてから潰《つぶ》した、商人の呂不韋《りょふい》に似ている。『史記』の「呂不韋列伝」に、その生涯が書いてあるが、私は彼がパルティア系で、ソグド人かユダヤ人に属す、旅をする色目人《しきもくじん》であり、中原に定着したのだと思う。

トランプの出自はドイツで、祖父が米国に移民して、父親は食堂や旅館を営み、母親がスコットランド系だから、血脈的にジョン・ローがいても、不思議ではないと私は考える。更に深読みするならば、ロスチャイルドの祖先とも、ロスとロウが呂の響き合いで、繋《つな》がっているかも知れず、トランプのランの音には、トーラとロの言霊の名残が、読み取れるかも知れない。

ウォートン学院で学び、取引の「トーラの巻」を読み、それを実利外交に使うトランプは、詐欺師の世界で鍛えて、ブラックジャックに精通し、予想以上の曲者の資質を備えている。だから、不動産業から政界に踏み入れ、ポピュリズムの波頭を乗りこなし、権力者として登場して、旋風を巻き起こした彼に、祖先探しや経歴の探索は、余り意味がなさそうだ。

むしろ、誰がトランプを大統領に、変身させたかが問題であり、その謎をたぐって行くならば、スティーブ・バノンという、キリスト教神秘主義者で、国家主義にかぶれた策士が、背後にいたことが分かる。バノンは誰かと調べると、映画のディレクターをやり、『ブライトバート・ニュース・ネットワーク』というニュースサイトを運営する、極右の政治フィクサーだし、反共主義の権化でもある。

彼の横顔は海軍士官で、ハーバード経営学院を出て、ゴールドマンサックスで仕事し、日本なら大物ネトウヨだが、こんなタイプを米国では、「オルトライト（ネオ極右）」と呼ぶ。日本ではバノンは未知だが、右翼でアラスカ州知事だった、サラ・ペイリーンを熱烈に支援し、彼女を副大統領にし損ない、次にトランプを大統領にした、辣腕《らつわん》の政界仕掛け人である。

誰も当選を予想しなかった、泡沫候補のトランプが、大統領に当選した陰には、最後まで支援し続けた、選挙参謀のバノンがおり、難産を扱った産婆役で、凄腕《すごうで》ゴッドマザーである。しかも、新大統領をホワイトハウスで、首席戦略官として指南役を務め、大統領の上級顧問を兼任し、クリントン夫妻は売国奴で、中国に買収されたために、国益を叩き売ったと攻撃した。

確かにビル・クリントンは、意地の汚い下司《げす》であり、節制の無い政治家として、金のためなら土下座し、北京に詣でて国を売り、米国の産業を空洞化した。しかも、ローズスカラー（ローズ奨学生）だのに、ハニー・トラップに落ち、ユダヤ娘に膝まずき、裁判費用で破産するし、女房には見限られた、醜悪な大統領でもあった。

トランプがヒラリーに、罵詈雑言《ばりぞうごん》を浴びせたのは、バノン直伝の仕込みであり、重商主義や平等を嫌う、バノンが指導役だったから、トランプはリベラル派から総攻撃を受けた。『アトランチック・マガジン』誌で、政治担当のジュリアン・グリーンが、『バノン　悪魔の取引』（草思社）で解明しており、背景が良く分かるから、この本の一読を薦めたい。

トランプとバノンは悪餓鬼で、気が合えば良いが喧嘩もし、1年でバノンはホワイトハウスを去り、不動産屋のトランプは、カジノ仲間のシェルドン・アデルソンに、メンター役を取り換えた。アデルソンはカジノ王で、ベガスにヴェネチアンを所有するし、マカオにもカジノを持ち、シンガポールのマリナベイは、北朝鮮の金正恩《キムジョンウン》を相手に、トップ会談の舞台になった。

しかも、国際政治の舞台において、トランプとプーチンの間で、阿吽《あうん》の呼吸の結びつきを生かし、ウクライナ問題に関与させ、疑惑生んだ謎を知るには、もう1冊名著が存在している。それは『ガーディアン』記者で、素晴らしい調査報道能力を持つ、ルーク・ハーディングが書いた、『共謀』（集英社）の紙背を貫くまで読めば、各国の諜報機関が競い合う、情報戦争の活写を楽しめる。

こんな異色な大統領だから、アメリカの世界覇権に挑み、「中国製造2025」を掲げて開き直った、北京政府への経済戦争が、第二次冷戦の形で蘇《よみがえ》り、それがパクリ大国を痛打した。経済大国の地歩を築き、軍事大国への足場を固め、世界第二のGDPを誇り、世界の工場化した中国が、イノベーションを武器に使い、没落中の米国に挑んだので、トランプは「米国第一」を絶叫した。

＊　＊　＊　＊　＊

そこで幕を開いたのが、米中での貿易戦争であり、トランプ政権の発足期には、バノンの持つ反共意識が、外交に強く反映したので、クリントン夫妻の裏切りに、強い攻撃が浴びせられた。献金による買収に続き、大統領のビルだけでなく、国務長官のヒラリーまでが、北京の策謀に乗せられ、中国の傀儡《かいらい》役を演じたことで、知的財産や技術の窃盗に、手助けしたと攻撃された。

米国の産業界は空洞化し、大量のドルが中国に流れ、双子の赤字が膨張して、アメリカが衰退する隙《すき》を狙い、共産党が支配する中国は、米国にとって脅威になった。大陸次元の「一帯一路《いったいいちろ》」や、アジア・インフラ投資銀行（ＡＩＩＢ）は、基軸通貨ドルに挑んだし、北京の侵略路線の奢《おご》りは、放置できない状態になった。

世紀末から新世紀冒頭に、鉄道工事と工場建設で、経済力を蓄積した米国は、国造りを実現していたが、１００年後に中国が経験する、相似象に米国は苛立《いらだ》った。アメリカ人は旧大陸に学び、同時に自らが発明して、経済力を築き上げたのに、中国の場合は偽物作りや、スパイを使って盗み、合弁事業で騙《だま》し取る、詐欺と盗用のオンパレードだった。

略奪と乗っ取りの記録は、米国の建国史を彩って、タフなアメリカ人を物語るが、十数倍も長い歴史を持ち、六倍もの人口の中国に、油断することは禁物である。なぜなら、巨大なピラミッドの頂点に、明晰《めいせき》な頭脳が君臨して、『老子』や『孫子』を学んだ、策謀の士がいる限りは、お人好しのアメリカ人が。心を許し油断すれば餌食《えじき》になる。

そこで、米国が打ち出したのは、米中新冷戦の宣戦布告で、2018年に中国製品の輸入対して、25%の関税をかけたが、2019年5月に更に追加し、経済封鎖の報復作戦が始まった。しかも、2018年12月のカナダで、華為技術（ファーウェイ）の孟晩舟《もうばんしゅう》副会長が、米国の要請で逮捕され、米国司法省は銀行詐欺や、技術窃盗罪容疑で起訴し、世界中の注目を集めていた。

ファーウェイは通信機器で、世界最大の会社であり、売上高は12兆円を超えるし、世界170国で事業展開して、5G通信の技術と基地局では、断トツでトップの地位を誇っている。だから、5G時代の先導役のAIで、中国に覇権を握られることは、安全保障の危機だと考え、米国は狙いを定めると、ファーウェイを徹底的に叩き、殲《せん》滅《めっ》作戦に出たのである。

5GはIOTのスタンダード化で、ものをインターネットを通じて、ソフトと結びつけることにより、ハードの能力を活性化する、プラットフォームの構築技術だ。しかも、これは電磁波の効果を使い、人間の脳機能を外部から、操作するバックドアーとして、悪用することが出来るので、その支配は全能を意味し、米国は中国に握られたくない。

だが、この技術力においては、ファーウェイが突出するし、プログラム設計の頭脳はあっても、ハードを生産する能力を失い、米国は完成品を作れなくなった。しかも、米国の企業のトップは、ビジネススクールで学び、金儲けには長《た》けているが、ファーウェイの幹部は、華中技科大修士の孟晩舟を始め、電気が分かる理工系が占める。

孟副会長は創業者である、任正非《にんせいひ》会長の長女であり、彼女の祖父の孟東波は、国民政府の特務要員だったし、上海の黒社会の青幇《チンパン》で、頭目だった杜月笙《とげつしょう》にも、結びつきを持つ結社員だ。しかも、父親で創業者の任正非は、人民解放軍に技術者として勤務し、創業資金の提供を受け、軍部と結びついたので、ペンス副大統領は敵意を露わにして、米国への浸透阻止を通告した。

米国が試みた執拗《しつよう》な攻撃は、ファーウェイ社の機器が、知的財産と技術窃盗に頼って、解放軍が設計したもので、中国製の電子の背後に、間接侵略の狙いがあるから、安いが危険というものだ。そして、情報の大量窃取を通じて、間接支配を狙う道具だから、国家の安全保障を侵食し、支配の実現を目指すので、中国製に騙されるなと論じ、ファーウェイ製品を排斥した。

米中のハイテク戦争に関し、詳細な情勢については、中国通の近藤大介が書いた、『ファーウェイと米中5G戦争』（講談社）で、具体例を知って頂くとして、次は黒世界について触れる。なぜなら。この問題は日本だけでなく、21世紀の世界の運命にとっては、重要な意味を持っていて、垂直型の階層構造に代わり、水平型のブロックチェーンが、健全な発展への鍵になるからだ。

＊　＊　＊　＊

世界には各種の闇社会があり、バチカンには「オプス・ディ」が、シシリア島には

「コーザ・ノストラ」が君臨し、シナには「青幇」を筆頭に、数えきれないほどの秘密結社がある。青幇は上海や香港を砦《とりで》に、アヘン、賭博、武器取引、売春を支配し、国民党の公安と結びつき、汚れ役を演じた秘密結社で、日中戦争の裏方を演じており、杜月笙が頭目として名高い。

戦後に解散したと言うが、香港や台北に健在であり、現在では表社会に溶け込んで、特に電子産業界の中には、強烈な根を張っているし、世界的にも大組織網を築いている。二年半ほど台湾に住み、そうした世界の話を聞き、世界史の中の闇世界と比べて、なるほどと感嘆したが、知ることを覚られるだけで、命が危ないので観察に留め、私は沈黙が金だと学んだ。

杜月笙は1951年に死んだが、顧問弁護士の蔡六乗は、国民党と一緒に台湾に渡り、息子の蔡中曽と共同で、常在国際法律事務所を開き、国際部門では台湾一の会社になった。蔡六乗の孫の蔡崇信は、カナダに住む億万長者で、1999年に杭州《こうしゅう》でジャック・馬《マー》に会い、アリババの創業仲間に加わり、ITバブル崩壊で苦境に陥った時に、孫正義にアリババの投資を誘った。

アリババの発展の原動力は、経営戦略責任者の曽鳴《ミンゾン》で、イリノイ大で国際戦略で学位を得て、欧州最高のＩＮＳＩＡＤでは、准教授として教えてから、彼は会社の販売戦略を担当し、アリババを大会社に育てた。だが、米中経済戦争の開始を機会に。青幇コネクションの発覚を恐れ、馬と曽はアリババから抜け、安全地帯に逃げたことは、香港では知る人ぞ知る話である。

アリババの大株主であるのに、孫の経営不参加に対して、不思議に思う日本人が多いが、孫正義にはお目付け役として、鴻海《ホンハイ》精密の郭会長が、背後に控えているのである。郭台銘《テリー・ゴウ》は台湾生まれで、総統だった馬英九に親しいし、共に隠れ青幇であることは、台湾では知られており、北京の共産党は隠れ青幇に、浸透工作を担当させている。

日本人は台湾が親日だし、独立していると考えるが、青いウイルスの浸透力は強く、元総統や総統候補者でさえ、大陸にコネクションを持ち、経歴や資金投資を人質にされている。総統に立候補した郭台銘は、売り上げ18兆円を誇る、ホンハイを築いた勢いで、日立と松下を足したより、巨大な経済力を武器に使い、シャープを叩いて買収した。

トランプが当選した時に、郭台銘は孫正義を伴って、トランプタワーを訪問し、大量投資をぶち上げたが、取引に笑顔したトランプは、郭と孫の青幇人脈に気づいていた。郭が再婚した時の仲人が、総統だった馬英九だし、台湾企業で最初に大陸に投資して、工場を作ったのが鴻海で、その手配は青幇が担った。

馬英九はハーバード時代に、新聞の編集長として、反政府系の学生を探索し、国民党の公安に密告を行い、国民党内で出世したが、馬総統の記録が米国にあった。だが、国交がなかった米国は、台湾の内政問題よりも、対中ビジネスに忙しかったので、関心が薄かったために、長期に渡り放置していたが、大陸の電子産業の育ての親は、台湾の人材だと気が付いた。

しかも、シリコンバリーの新竹は、電子産業都市であるし、台湾が誇る電子技術の中心地で、客家集団が多い新竹が、大陸人脈の大拠点になり、中心には精華大学まで存在する。焦佑鈞が社長の新唐科技は、ファーウェイにチップを供給するし、焦佑鈞の父親の焦延標は、青幇のボス杜月笙の右腕で、パナソニックの半導体部門に、買収の工作まで試みていた。

日本の企業は大陸進出の時に、台湾の客家を頼ったし、台湾企業が日本の技術と資金で、大陸に電子工業を作って、世界有数の電子立国へと、新生台湾を導いたのであった。国民党には外省人が多く、大陸から来た客家は、対岸の福建や広東が故地だし、青幇の根拠地でもあり、客家が多い桃園市や新竹県が、台湾の新産業特区でもある。

台湾と私の付き合いは、30年ほどに過ぎないし、その間に50度ほど訪れ、最後には招かれて住み、大陸は40回近く訪れたが、これが私の観察記録である。また、私が滞在した2年半に、台湾でどんな人脈を築き、交友を結んだかに関しては、台湾時代の体験を纏めた、『賢者のネジ』で分かるが、優れた人と交わることで、賢くなれるのである。

＊　＊　＊　＊　＊

グローバリゼーションにより、金融と情報の世界では、国境の壁は存在しないに等しく、流れを支えるプラットフォームが、電子産業により担われ、世界は刻々と変わっている。しかも、情報ビジネスの基盤であり、メディアと呼ばれる世界が、闇勢力を魅惑する以上は、狙われない訳がないし、現に根強く浸透されている。

ＭＩ６やＣＩＡの歴史には、情報を巡る頭脳戦があり、その決め手はインテリジェンスで、新聞とラジオやテレビが、舞台としてメディアが登場し、その争奪戦が背景を構成している。『インテリジェンス戦争の時代』（山手書房新社）を書き、情報について調べた時に、この問題に遭遇したお陰で、ハーストやロイターに注目し、マードックやマクスウェルの存在を知り、メディアと諜報機関を調べた。

メディア王のマクスウェルが、大西洋のヨットの上で、急死したマクスウェル事件は、大いに取り沙汰されて、『メディア買収の野望』（新潮社）とか、『海に消えた怪物』（文藝春秋）に詳しい。これは一時期を風靡《ふうび》した、『スパイキャッチャー』（朝日新聞）と同じで、英国のＭＩ６に結び付いた、インテリジェンスの世界であり、二重スパイの謎は興味が尽きない。

チェコスロバキア出身で、英国の富豪として知られた、ユダヤ系のロバート・マクスウェルは、メディア王になったが、モサドのスパイであり、その死は謎に満ちたものだった。オーストラリアのメディア王で、英国に乗り込んでから、米国でメディアを買い漁った、ルパート・マードックとは、乗っ取り競争のライバルだった。マクスウェルの奇怪な死は、迷宮入りになっており、ライバルのマードックは、米国でフォックス・テレビを買収し、WSJ（ウォール・ストリート・ジャーナル）も支配下に置いて、メディア王として取り沙汰された。また、1996年にマードックは、孫正義と組み東京に現れ、「テレ朝」を買収する工作で、日本中の注目を集めたが、乗っ取りは不成功に終わり、背景に青幇人脈が潜んでいた。

孫正義の投資工作の対象に、中国の会社が多いので、青幇絡みの物件が目立つし、投資よりも投機のために、IPOを使う「ババ抜き型」に属す、ねずみ講的な手口が使われている。行きつく先は賭博であり、株を使ったバクチとして、日本中がカジノ熱に浮かされ、安倍がトランプに言われて、アデルソンの希望に従い、IR法案を導入した通りで、カジノ菌が蔓延《まんえん》中である。

マクスウェルの娘の名が、最近になって話題になり、少女売春容疑で逮捕され、拘置所で不審死をした、エプスタインの相棒として、ギレーヌ・マクスウェルが登場した。彼女はロバートの九女で、クリントンやトランプを含む、有名人仲間の交友を舞台に、「遣《や》り手《て》婆」の役を果たして、米国のメディアを騒がしたが、問題は姉のクリスチーンだ。

捜索エンジン会社を創立し、ポータルサイトとして育て、このマゼラン社を売却した後で、チリアードを創立したが、このマイニング作業は、世界最先端の情報スパイ事業である。どんな極秘の情報でも、バックドアーから押し入り、盗み取ることを売り物に、検索能力を誇っている。背後にモサドがいるから、謎に満ちた情報サービスを誇る。

サイバー攻撃能力では、イスラエルは米ソと並んで、世界の最先端に位置しており、NSO社が作る「ペガサス」は、監視システムの王者として、各国の諜報機関が愛用している。1970年代に布陣を整え、IBMやインテルを招き、研究施設を整備したので、イスラエルのサイバー能力は、世界中から一目を置かれ、完璧《かんぺき》なソフト指向は絶大である。

その成果が知られており、「オリンピック競技作戦」に、「スタックスネット」と呼ばれた、マルウエアが使われているが、これが2009年に活用され、絶大な威力を発揮したのだ。イランの核燃料施設は、直接現地を襲うことなく、サイバー攻撃を受けて、中央制御装置が狂ってしまい、遠心分離機が異常回転し、ナタンズ工場は機能停止した。

これはサイバー攻撃が持つ、秘められた力であるが、現在では技術がより発達し、送電網の破壊を始めとして、スピアフィッシングを使い、メール詐欺やハッキングを行っている。しかも、5Gのテクノロジーは、通信速度や容量増加で、その破壊力は絶大であり、この面でファーウェイが持つ、技術的な先行性に対し、米国は劣勢に立っていて、危機感で苛立っているのだ。

この領域に関しての情報は、山田敏弘の『ゼロデイ』（文藝春秋）に、詳細な具体例が書いてあり、プロローグの「二〇XX年、東京」は、実に現実感を伴う記述である。なぜならば、このサイバー攻撃の情景は、武漢のコロナウイルス事件に、マルウエアを重ね合わせて、シミュレーションすれば、日本政府のお粗末さを目の前にし、愕然《がくぜん》とさせられるからである。

＊　＊　＊　＊　＊

武漢で発生した怪事件は、全世界を愕然とさせたが、この武漢ウイルスは、非常に教訓的なもので、驕慢《きょうまん》な北京政府だけでなく、無能な日本政府の正体を暴露した。情報のコントロールを受け、思考する能力を奪われ、洗脳され盲目状態に慣れ親しみ、羊のように隷属した、哀れな諸国民にとって、この衝撃は覚醒《かくせい》への警鐘である。

黴菌《ばいきん》の研究は進んだが、ウイルスは微小過ぎるために、その実態が未知であり、目覚めたウイルスを恐れ、無能な連中が取り扱うことで、パンデミックを発生させる。北京政府や安倍政権が、醜態を露呈したのは、暴政を続けたからであり、住民は振り回されてしまい、不安感を掻《か》き立てられ、平穏な生活は乱れて、人心の荒廃は高まる一方である。

それは長寿瑞光《ずいこう》を讃えて、繁栄と喜びを象徴する、右近の橘《たちばな》と左近の桜が、立ち枯れ状態を呈すのは、周辺の柳の林が柳虫に、食い荒らされたからだ。自然環境は共生であり、贈り与える徳を失い、奪う政治が支配すれば、自然による湯武放伐の心が、天災異変をもたらせて、狂った状態を改めて行く。

驕《おご》った独裁者の君臨で、酔生夢死《すいせいむし》で無力化され、アベノミクスに騙されて、瞳《ひとみ》に輝く希望を喪失した、日本人に生命の大切さと、誠実さは何かと疫病が教えた。孔子が言った言葉で、「いずくんぞ、満ちて覆らざるものあらんや」の慨嘆があるが、「驕れる者久しからず」であり、「遠慮なければ必ず近憂あり」ではないか。

蝙蝠《こうもり》からの感染だとか、武漢病毒《ウイルス》研究所から漏れた、生物兵器だと論じられて、新型ウイルスの出所が、大いに取り沙汰されており、その解明は今後の課題である。だが、病原体のウイルスでも、情報攪乱をするものも、ウイルスは核と同じであり、人間が扱う対象としては、余りに危険であるから、慎重に取り扱って行く必要がある。

横浜に寄港したクルーズ船は、数千人の観光客を乗せ、役人の不適切な判断で、大量の船内感染を発生させ、世界から顰蹙《ひんしゆく》を買ったが、判断ミスの原因は練度の不足だった。政治家が訓練不足だから、お座なりの判断を下し、役人が世界の常識を知らないで、新時代の検疫に無知であり、船内感染や患者の放置で、国内に疫病が蔓延している。

クルーズ船での不手際は、世界中から嘲笑《ちょうしょう》されたし、日本中が武漢並みであり、日本人が疫病神《やくびょうがみ》扱いされ、安倍内閣の無責任のせいで、入国禁止の対象にされている。上海市では封鎖のために、外出できない市民に対し、家賃の支払い延期の緊急措置や、税金軽減を発表したが、日本政府は無能を晒《さら》して、何の措置もしないお粗末さだ。

　そのために社会は混乱し、経済活動は低迷に陥って、不況を痛打する恐慌が、いつ襲来したとしても、不思議ではないのであり、これが自然の摂理でもある。

　本文の中で論じた通り、ハープは実用化されて、５Ｇの導入の開始により、完成しているサイバー兵器は、何時《いつ》でも使える状態だが、大衆は準備が出来ないで、右往左往しているだけだ。

　拡大再生産を驀進《ばくしん》した、古い制度が行き詰まって、まともに機能しなくなり、小手先の補修ではダメで、パラダイム・チェンジが、目の前にと迫っている。技術の進歩と革新が早く、人間の思考が追い付かず、技術への過信に煽られて、ピラミッド型で出来た、社会機構の立ち遅れが、至る所で目立っている。

変革には混乱が伴うし、この変革は情報革命で、シンギュラリティを伴い、人々は大混乱に陥るが、人為的な経済破綻などは、自然災害の前では微少である。次に予想するのは地震で、地質学者の私の判断では、大型地震の襲来は必至だし、台風や火山の噴火も焦眉の急で、パンデミックへの準備も、最優先の政治課題として、それに取り組むことが不可欠だ。

＊　＊　＊　＊　＊

５１２５年の周期で繰り返す、マヤのカレンダーによると、２０１２年12月を限りに、第５番目の周期が終わり、アセンションが起きるとして、大いに騒がれたことがあった。また、２万５８００年の周期を持つ、プラトン年が２０００年とか、２０１６年12月27日だと言って、大騒ぎした人もいたし、１９８０年頃はマリリン・ファーガソンが、『アクエリアン革命』を書き、魚座が水瓶座に移ると論じた。

確かに、21世紀の始まりの頃は、グローバルからローカルに、ピラミッド構造から水平型にと、社会の構造が変わって、ブロックチェーンが現れ、それにシンギュラリティが結び付く。その意味を受け止めれば、現在目の前で進行している、大きな変化の渦流には、時代の潮目を指し示す、貴重な教えを読み取ることが出来、大事な時期だと思い当たる。

バブルの崩壊の時期から、重苦しい暗い時期が続いて、日本人は閉塞感に支配されたが、これが最も暗い夜明け前なら、これから「岩戸開き」が始まり、朝日が差し込むかも知れない。『夜明け前の朝日』を書いたのは、20年ほど前のことだったが、それは本書に登場している、舎人と会話をしていた時で、本書で見かけないパズルは、あの本の中に断片として、発見できるのだと書けば、役立てる人が喜ぶだろう。

プラトンは対話篇を書き、古代の叡智《えいち》を伝えているが、同時にアトランティスの話を始め、正多面体の結晶構造を示し、「幾何学を知らぬ者、この門を入るべからず」と宣言した。このギリシアの哲人には、対称性が最も貴い価値であり、現代はこの対称性が崩れて、貧富の差や権力の優位性で、ピラミッドが巨大化してしまい、非対称が支配し君臨している。

資本主義も共産主義も、共に対称性を失って歪《ゆが》み、構造が内部から腐敗して、免疫力の衰えの隙を突く、ウイルスの感染力の前で、ご破算寸前の状態を呈している。そうした観点で眺めると、幕末は徳川慶喜にとって、「計画倒産」だったと思うし、腐敗堕落した世界の政体に、脱構築（Deconstruction）は必至だが、読者はそれをどう思うか、それが私からの問題提起である。

ここまでの読破どうもご苦労様でした。
これで貴方は日本有数の情報通です。

付録

全体的宇宙像――ホロコスミクス（※1）

まえがき

アインシュタインの相対性理論によって、ビッグバン理論と物理帝国主義の君臨を許し、20世紀は膨張宇宙の仮説が支配し続けた。だが、アインシュタインの仮説は、光速30万km／秒の世界だけであり、無視されたものは「幽霊層の場　Ghost Field」とでも名付ける、モデルが取り残した領域があることに気づく。しかも、アインシュタインの理論には、統一の場の理論としては欠陥があった。

だから、誰か若い世代がこの欠陥に挑戦して、より包括的な仮説を提示して欲しいと待ったが、20世紀が終わる時期を迎えた。そこで仕方なく、メタ・サイエンス（※2）の立場から、ホロコスミクス（※3）理論を英文でまとめたら、ニューヨークの国際地球環境大学が発行する、『学術論文集・第21号』にそれが掲載された。20世紀最後の年の２０００年1月に出た、「新千年紀への期待」と題した特集に、「ホロコスミクス理論」が活字になったのは、縁起に属すめぐり合わせかも知れない。

これは動態幾何学の発想に基づくもので、台湾の数学者の張錦春《ちょうきんしゅん》先生によれば、

「統一の場の理論として公理に属し、100年後には世界に広く認知されても、現在の段階ではトポロジカル（形態的）なアプローチは、異端の説として黙殺されることを覚悟せよ」とのことだ。だが、真理は単純明快で、トーラスの持つ価値は、急速に世界的な規模で認知が進んでいる。

歴史的な経緯

伝統的な科学は、ニュートンの法則（※4）が支配している世界である。ニュートンの法則は、直線的な思考という限界の範囲で、運動と慣性を表現した最初の理論であった。

そして20世紀初頭にはアルバート・アインシュタインが現れ、慣性の法則を、自然法則に基づいて改めて主張した。アインシュタインは、ニュートン力学を部分化し、ニュートン理論を時間との関係でとらえ直し、すこぶる科学的な単純さで定義しなおした。

アインシュタインは、自然の法則は、時間と空間にどれほど歪《ゆが》みがある状況でも、同一の形式で表現されなければならない、と考えていた。

「法則はあらゆる座標系から独立していなければならない」（文末の参照文献　#2; Peat, D.; 1991）というわけだ。

ニュートンの$f=ma$の法則からアインシュタインの$e=mc^2$への移行は、直線から非特異性への、ないしは非線形（※5）への、または曲線的なモデルへの大きな飛躍であった。

特殊相対性理論は、数学的には、ローレンツ変換（※6）を基礎に成立する。ローレンツ変換は、時間と空間の相対性を証明する数学的な基礎を提供している。

ノーベル賞受賞者のリチャード・ファインマン（米１９１８〜１９８８）は「うるさ型の人物・放蕩者《ほうとうもの》・ピエロ・純粋な人・超天才・魔術師」など、いくつもの異名を持つ、一風変わった物理学者であった。

しかしながら、彼は量子力学の発展に大きく貢献した。ファインマンは、ダイソン・フリーマン（英国生まれの米国理論物理・宇宙物理学者。１９２３〜２０２０）に「アインシュタインの偉大な業績は物理学的な直感から生まれたが、アイシュタインが物理学のイメージで具体的に考えることを止め、数学の方程式の操作に終始するようになったので、アインシュタインの創造力は停止したのだ」と言った。ダイソンもこの意見に同意した（同　#3; Gleick. J.; 1992)。

アインシュタインの一般相対性理論の弱点を克服するために、ヴュルナー・ハイゼンベルグ（独1901〜1976）は、彼の不確実性の理論から位相空間の概念を放棄することを提案した。

その後しばらく経ってから、エルヴィン・シュレーディンガー（オーストリア1887〜1961）は、量子状態を、彼の波動関数で説明した。

直線から曲線へ

ニュートンの理論から量子力学やアインシュタインの理論への発展を見ると、これは幾何学の直線モデルから曲線モデルへの移行をあらわしていることが分かる。

直線から曲線モデルへの移行は、複雑系のシステムでいう「カオスの縁（Edge of Chaos)」（※7）で現れる現象が示している。

鉱物の結晶のフラクタルな（部分と全体が自己相似になっている）成長パターン、心臓の拡大と収縮における血圧の変化、株式や商品先物相場の変動、もっとも小さい粒子から広大な宇宙まで、どのシステムもフィボナッチ数（※8）に支配されている。（#4; Fujii N. & Fujiwara H.; 1989）

フィボナッチ数は、すべてのシステムに存在するダイナミックな法則である。これは、「主体的にあらわれる持続的なパターン」として自己組織化に向かうさまざまな構造と形態をコントロールする宇宙の法則である。

フィボナッチ数は別名「黄金比」とも呼ばれ、古代エジプトや古代ギリシャの時代にはすでに知られていた。それは神の比率であるとされていたが、これはフィボナッチ数のことであった。

フィボナッチ数における黄金比の美しさは、次の累乗根と連分数の方程式（図1）によってあらわすことができる。

フィボナッチ数列（※9）のϕ（ファイ）は遺伝子のような演算子（※10）であり、

$$\overset{\text{ファイ}}{\phi}=\sqrt{1+\sqrt{1+\sqrt{1+\sqrt{1+\dots}}}}=1+\cfrac{1}{1+\cfrac{1}{1+\cfrac{1}{1+\cfrac{1}{1+\dots}}}}$$

【図1】黄金式をあらわす方程式。

もっとも本質的な数字の「1」の組み合わせだけを許容するフィボナッチ数列の、いわば生命力となっているものである。永遠へと向かうフィボナッチ数列の螺旋《らせん》の運動は、自然と宇宙の秘密を支配する原理である。

この原理は「ゴーバック・スピンオフ発展」という渦巻き現象を体現している（図2）。

この発展パターンは、マクロ的には直線的な成長の静的なモデルに依存している。さらなるマクロ的観点からは曲線の動態的なモデルにも依存している（図3）。

【図3】直線と曲線の成長パターン。アインシュタインの相対性理論から100年近くが経過して、量子力学の成果で宇宙や物質についての認識が高まったが、科学の概念においては画期的な変革はないままだ。それは伝統的に物理学が科学の主流をなし、「物」の理学である物理学が非生命観に基づ

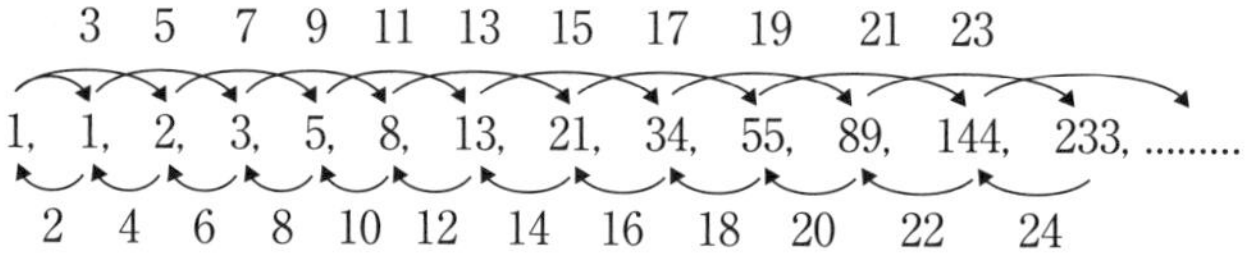

【図２】フィボナッチ数列における「ゴーバック・スピンオフ発展」。

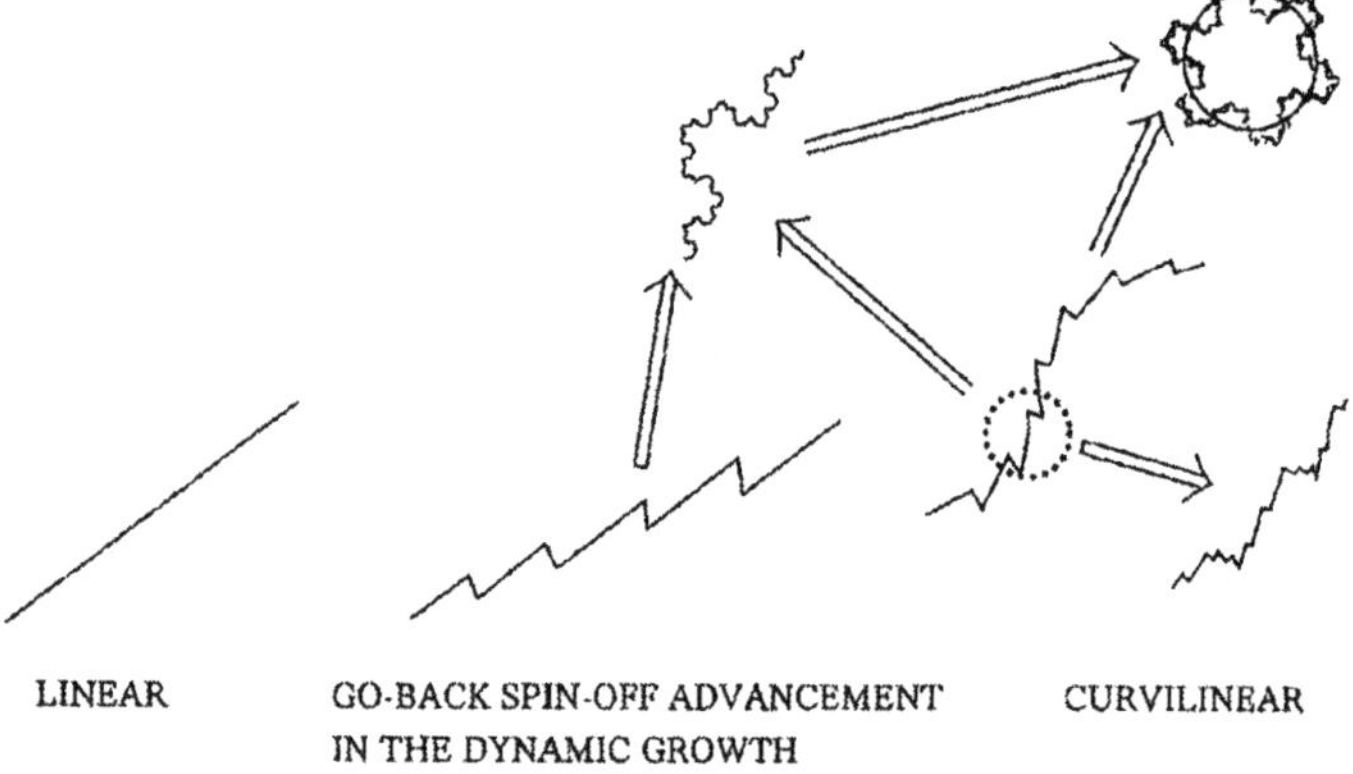

【図３】

いて、発想の基盤においてリニア（直線）思考をしがちだからだ。しかし、最近になって目覚ましい発達を遂げた生理学は、生命観に基づく「生」の理学であるがゆえに、カービリニア（曲線）思考に至っており、フラクタル構造の一般化へと結びついている。

ホロコスミクスとは

宇宙のすべてを支配する「直線から曲線への幾何学的な発展の理論化」という壮大な課題を達成するためには、ホロコスミクスの概念をあらわすことのできる「メタ・サイエンス」という用語を使用せざるを得ない（図４）。

物理学者の使う「宇宙」という概念は意味があまりに限定されている。しかしながら、ホロコスミクスでは「宇宙」というのは、普遍的な宇宙システムのサブシステムでしかないことが明らかになる。

この概念は超科学的な革命をもたらすはずである。（#5; Chang K & Fujiwara H.; 1997）

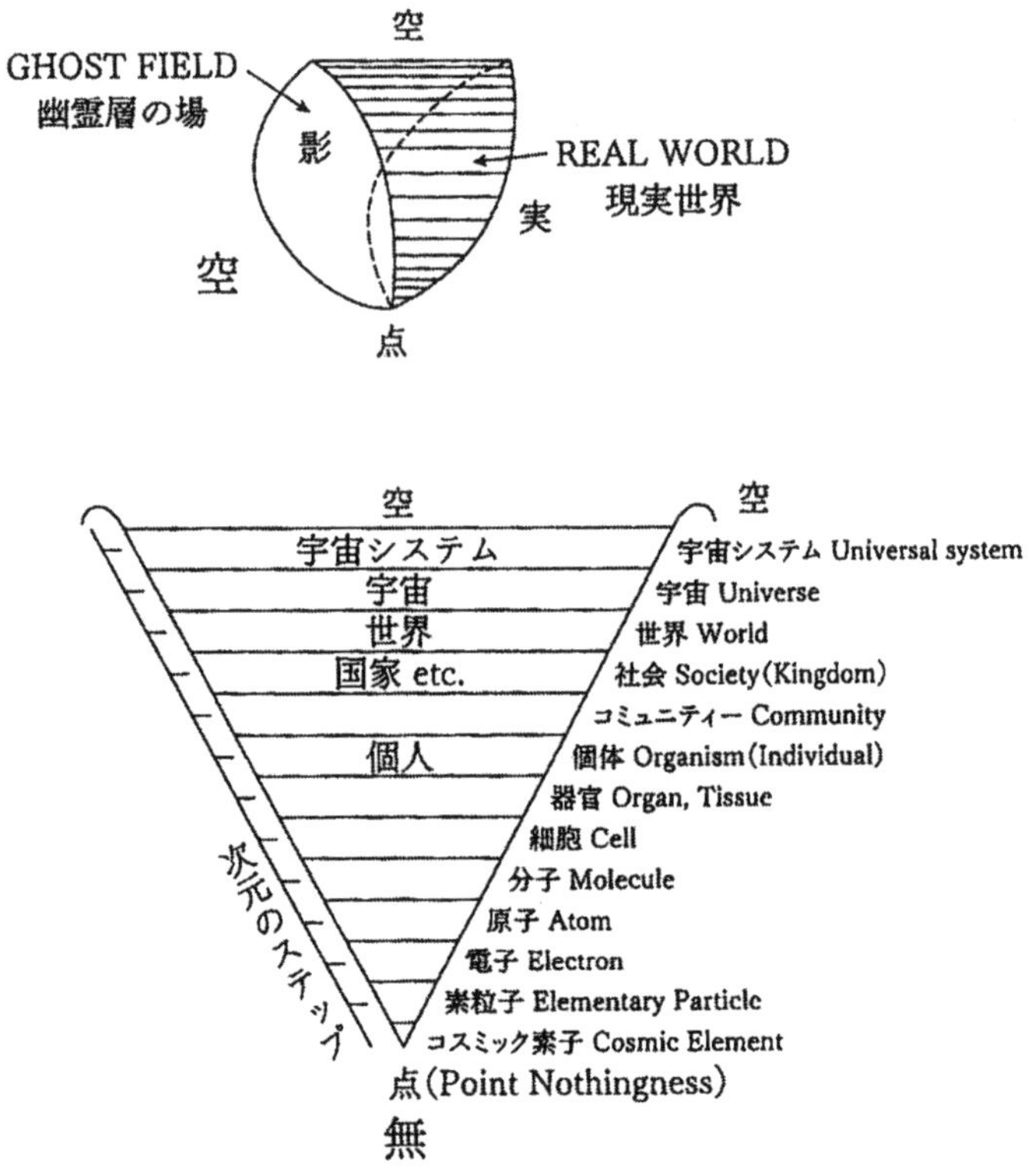
空
GHOST FIELD
幽霊層の場
影
REAL WORLD
現実世界
実
空
点
空
空
宇宙システム
宇宙
世界
国家 etc.
個人
宇宙システム Universal system
宇宙 Universe
世界 World
社会 Society(Kingdom)
コミュニティー Community
個体 Organism(Individual)
器官 Organ, Tissue
細胞 Cell
分子 Molecule
原子 Atom
電子 Electron
素粒子 Elementary Particle
コスミック素子 Cosmic Element
次元のステップ
点(Point Nothingness)
無

【図 4】

ホロコスミクスの概念では、点は数学的なゼロ次元をあらわしているだけではなく、この特異点の向こう側には広大な「無」が広がっていることを示している。

さらに、普遍的なシステムの彼岸には「空」が存在する。「無」は道教のカギとなる概念であるし、「空」は仏教哲学の本質である。「現実世界」はこの2つの間に存在している。「無」と「空」の間にある「現実世界」が伝統的な科学の基礎であった。

【図4】ホロコスミクスをあらわした図。数理発想に基づいて概念化したホロコスミクスは、アインシュタインの相対性理論では排除されていた「超高速領域」を含むので、統一の場を考えるためのアプローチとして有効である。

ミンコフスキーの「世界線」と「幽霊層の場」の排除

1905年、アインシュタインは特殊相対性理論の論文を発表した。その3年後、ハーマン・ミンコフスキー（リトアニア生まれのユダヤ系ドイツ人数学者。1864〜1909）は、「世界線」を「零円錐《ゼロえんすい》」のモデルを用いて定義し、アインシュタインの理論をより明快な概念図であらわした。

しかし、アインシュタイン－ミンコフスキーモデルは光速を超える領域の存在を無視した。なぜなら、零円錐《ゼロえんすい》は、光速と同速度であるフォトン（光子＝こうし）の世界線に限定されていたからだ。ちなみに、光速は30万km／秒である（図5）。

【図5】過去、現在、未来をあらわす「零円錐《ゼロえんすい》」。

ホロコスミクスは、「無」と「空」をそれぞれの極線として収縮－拡大運動を行い、フォトンの「世界線」を超えて、「現実世界」と「幽霊層の場」を形成する多次元の概念で構成されている。

「幽霊層の場」と現実世界は、始まりと終わりがないメビウスの輪（※11）に統合されて考えられるべきである。このメビウスの輪こそ、未発見のものも含めた宇宙すべての「究極の素粒子」を発生させている原理である。

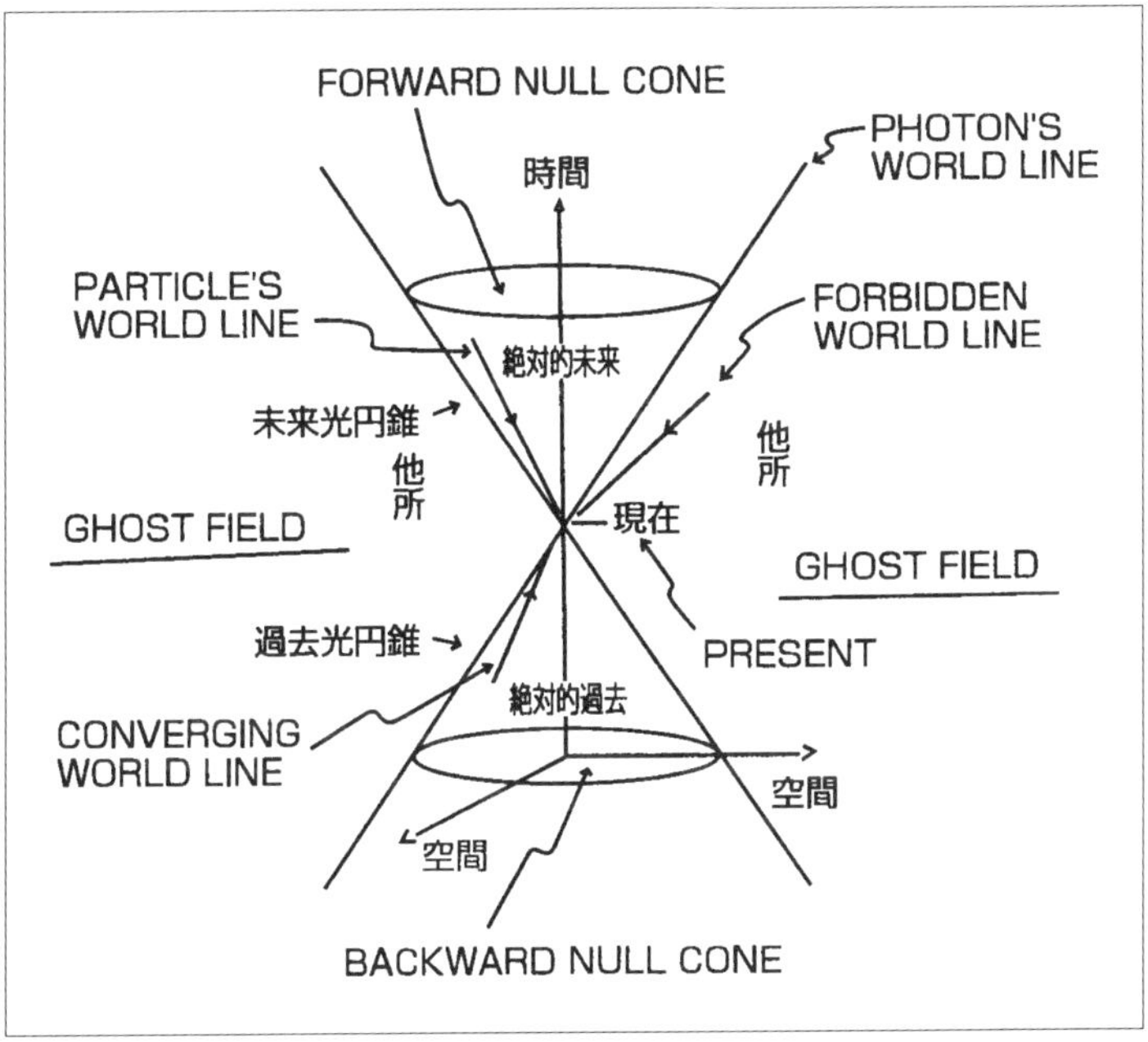
FORWARD NULL CONE
PHOTON'S WORLD LINE
時間
PARTICLE'S WORLD LINE
FORBIDDEN WORLD LINE
絶対的未来
未来光円錐
他所
他所
GHOST FIELD
現在
GHOST FIELD
過去光円錐
PRESENT
絶対的過去
CONVERGING WORLD LINE
空間
空間
BACKWARD NULL CONE

【図 5】

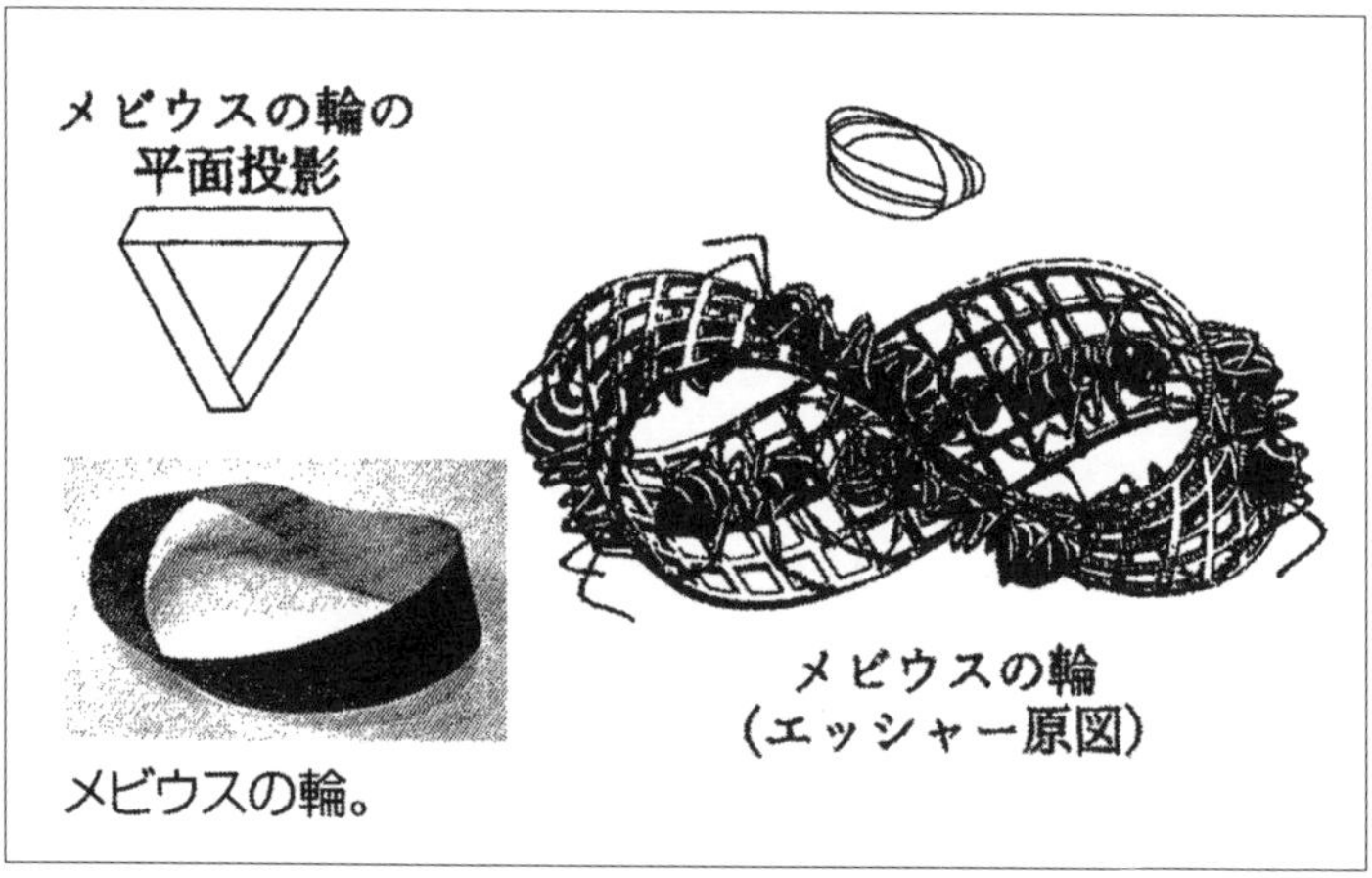

ホロコスミクスの場の数式

アインシュタインの一般相対性理論は、「場の方程式」を基礎にしている。これは演算子「G」が表わす。これをどの計量テンソル（※12）に適用する場合でも、Gを演算子として扱うことができる。

するとGAx（アイシュタインテンソル）を得ることができる。この「場の方程式」は以下である。

GAx = Mx.

何も存在していない真空では方程式は以下になる。

GAx = 0

重力場を支配する方程式も存在する。これを記述すると、物理学ではもっとも難解な10個の部分的な方程式になる。（#6; Synge, J.L.;1970）

しかしながら、「幽霊層の場」には「場の方程式」は適用できない。「幽霊層の場」は自然の広大さそのものだからである。

ここでは、メビウスの輪の不思議と統一性の特異点を見ることができる。「無」と「空」の間に発見できる現実世界は、以下のように表現できるホロコスミクスを構成する。

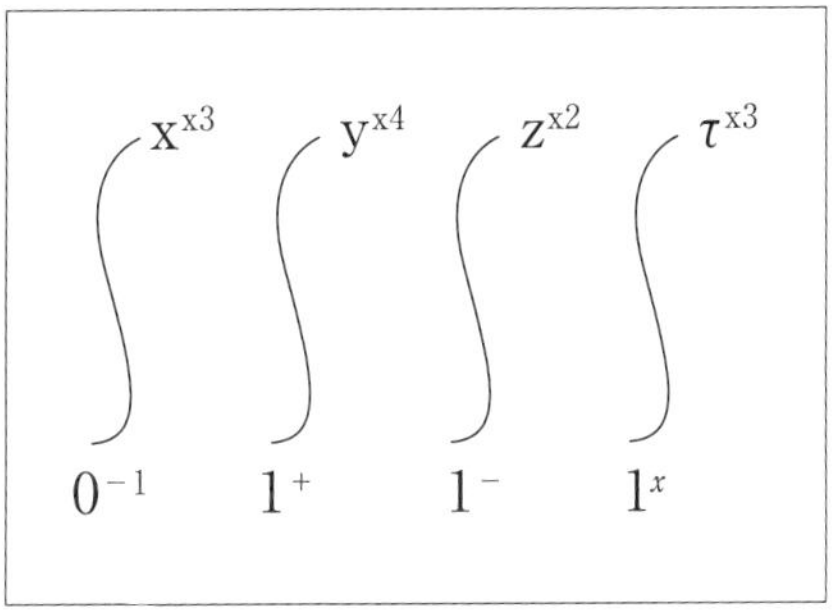

【図６】ホロコスミクスの無限な発展をあらわす式

【図６】は、ホロコスミクスの無限な発展を説明している。これは宇宙の基本原理にかかわる思想である。この原理こそ、宇宙の謎の法則を支配する原理である。しかし、その解明にはさらに高度な幾何学化を必要としたため、アイシュタインはこの分野を完成することができなかった。

位相（※13）的で曲線的なアプローチは、21世紀の幾何学を概念化するためのもっとも強力なツールである。

この種の幾何学は、哲学者であり数学者でもあったライプニッツ（独1646～1716）によると、「もっとも偉大な幾何学者であるデカルト（仏1596～1650）も無視した」ものだという。

宇宙構造のもっとも単純明快なモデル

現代数学は、位相的なアプローチこそ、われわれの思考を零と無限を超えて拡張できる唯一の方法論であるとの結論に達した。

位相幾何学（※14）のもっとも知られた球体モデルはトーラス（円環体）である。円環体は、相互に変換可能な幾何学的な表面を持つドーナツ状の形である。

しかしながら、これは、「ストレンジアトラクター（※15）」を持つ複雑系のシステムでは、円環体の表面は、境界と終わりのないディテールを持つ、永遠の次元に置き換わる。

メタ・サイエンスの高度な幾何学は、ホロコスミクスをすばらしい幾何学的な構造

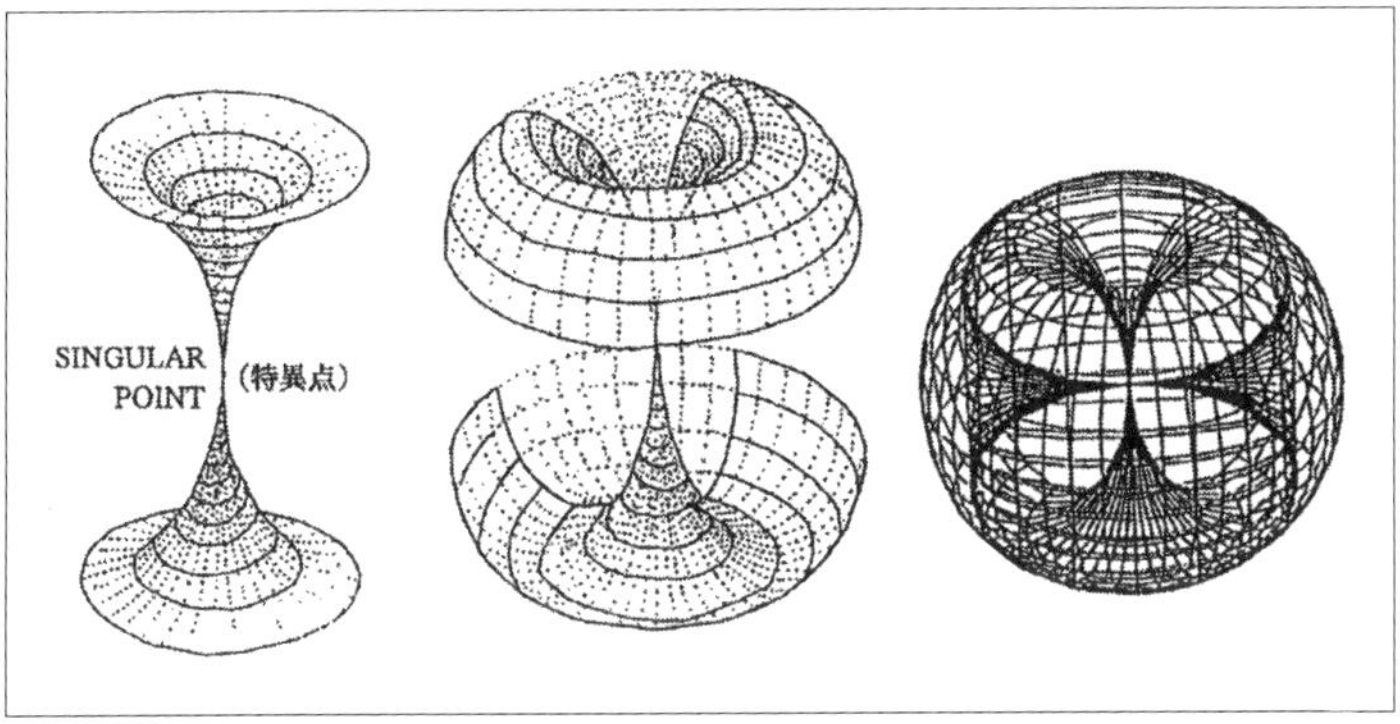

【図７】

であらわしてくれる。

【図７】は、宇宙構造のもっとも単純明快なモデルである。

これは宇宙の統一性をもっともよくあらわすことができるので、アインシュタインはこうしたモデルを欲しがった。これこそライプニッツをして「宇宙の原理のもっとも単純な形式は、いにしえのアジアの賢者の言葉にある」と言わしめたものだ（図８）。

修道士の友人から易経《えききょう》（※17）の英知（変化の本質の原理）を教えられたライプニッツは、東洋と西洋の叡智《えいち》を統合する高次のレベルの理論としてまとめたがった。

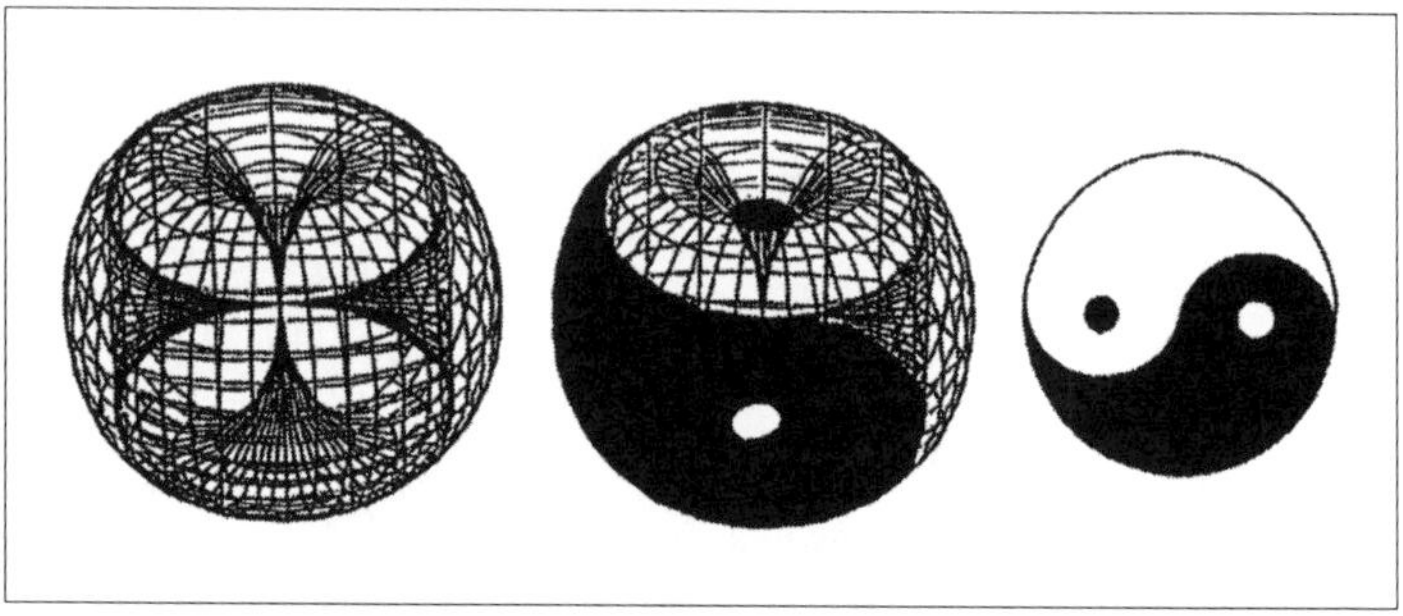

【図8】

【図7】宇宙構造のもっとも単純明快なモデルである、ホロコスミクスのトーラス変換。これは、【図4】において平面図法であらわしたホロコスミクスを立体化して、円環体（トーラス）の大宇宙図になる。

【図8】円環体（トーラス）の宇宙モデルと太極《たいきょく》図。円環体のトーラスは、ブラックホールとホワイトホール（※16）をもつ太極図となり、多次元モデルをあらわした最先端科学と易の宇宙観との融合に結びつく。しかも、太極図における陰陽転換の動態パターンは、太陽表面でのフレアや流体の渦巻きに共通した「対数螺旋」に連なった運動をも示している。

結論

情報革命が起こっている20世紀から21世紀の転換点では、このような理論はあまりに重要であり、メタ・サイエンスの探究であるホロコスミクスは、この大きな課題を達成するには最高の原理である。

ニュートンの法則とアインシュタインの相対性理論を成功裏に統合するためには、論理学者、数学者であり哲学者、バートランド・ラッセル（英１８７２〜１９７０）の「人間の知性化」に関する先端的な思想（※18）に関わらなければならない。

そしていま、われわれは、この情報開示を「人類への貢献」とすべく、16世紀のイギリスにおいて、学問を確固たる科学的実証の手続きによって体系化しようと試みた最初の思想家、フランシス・ベーコン（英１５６１〜１６２６）が体験したような発見の興奮を味わっているのだ。

【さいごに】 多層構造でできたホロコスミクスは、基盤にあるのが「フィボナッチ数列による法則の支配」であり、立体的には「トーラス」の概念に示されるような「外が内になり内が外になるメカニズム」になっている。

20世紀の冒頭に生まれた相対性理論の本質は、ニュートン力学を部分化したものであった。一方、20世紀の最後に登場したホロコスミクス理論は、アインシュタインが触れなかった光速30万㎞の枠外に、「幽霊層の場 Ghost Field」の存在領域を規定したことで、究極的に宇宙がトーラス体（三次元多様体、輪環体、円環体）であることを示すものである。

「幽霊層の場 Ghost Field」すなわち、「無」と「空」を含むこの統一の場の理論は、立体的にあらわすと、トーラス体となり、ブラックホールとホワイトホールを含み、易経における太極図がそこに出現している。

【縁起】……ところで、この論文が掲載されたIEEU（国際地球環境大学）の紀要は、全世界の一流大学の図書館を始め、ノーベル賞受賞者たちに送られたので、読んだ人もきっと多いに違いない。だが、日本語訳が未だなかったために、日本人はその存在を知らない。だから、編集部が挑戦して試みた日本語訳を読んで、より若い世代の日本人の中から、より良い論文を書く人が現れて、新仮説の輩出に役立てば嬉しい限りだ。

奥義を解説するような仕事は、若い世代に属す人がやることであり、馬齢を重ねた私の出る幕ではなく、乗り越えの踏み石になるだけで満足だ。ただ、この論文には数少ないが引用論文があり、『賢者の石　The Philosopher's Stone』、『天才　Genius』、『関係性について　Talking about Relativity』などの著書は、解説書として古典的な存在だ。だから、物理学や数学の専門家が翻訳や監修を試みた、日本語訳の本が出ているはずだ。しかも、専門用語や論証の記述の訳に当たり、本来それらを参照することが、国際的な礼儀でもあるので、そういった配慮をされたらよい。

蛇足かも知れないが、この論文を書いた後で行われた、2000年1月の台湾における会議での講演で、この考え方を更に発展させて、「21世紀型の高次元発想へのアプローチと人材育成のノウハウ」と題したものを発表した。これは中国語に訳され配布されたが、私の著書の読者たちが運営している「宇宙巡礼」という名のホームページで、アーカイブに相当する「記事」の欄に、その草稿を密かに埋め込んだ。ところが、それをヒカルランドの小暮周吾さんが発掘して、『生命知の殿堂』の巻末に、「資料」として付けてしまった。そのため、「ホロコスミクス　Holocosmics」の筆者の手による、日本語による記述に近い形のものが、『生命知の殿堂』の中に存在している。

秘伝に属すものは教えられるのではなく、自ら発見して知るべきだと考える私は、50年くらい後に見つける人が出たら、それで良いと密かに思っていた。だが、この目論見《もくろみ》は見事にはずれ、小暮さんの着眼の良さのために、謎解きのヒントが公表されたので、トーラスの秘密のベールが剝《は》がれた。

それをいち早く読み取っていれば、「ユウレカ!!」（※19）の快楽を満喫できるのに、多くの人は『生命知の殿堂』を読まず、カミトロニクス（※20）の威力も知らないから、教えられてから気づくので遅れを取る。要するに、日本人は幾らヒントが目の前にあっても、想像力が閃《ひらめ》く回路が眠っていて、どうしても後追いばかりで開拓者になれない。それが発信より受信に満足し、翻訳文化が殷賑《いんしん》（※21）を極める時代精神を生み、舶来崇拝から脱却できないのだ。

「フェルマーの最終定理」に挑んだ時に、「谷山・志村予想」を生んだ日本だが、漢字も読めない男が首相を名乗り、泥鰌《どじょう》のノウミソが首相の椅子に座る時代だ。テレビがお笑い番組を垂れ流し、学生の思考能力が急速に劣化して、知的怠慢が支配しているために、日本人は『スライヴ Thrive』のような作品も作れず、教えられて知る国になり果てた。

東京も大阪も思考力が限りなく点に近い、アーカイックな頭脳の首長に率いられて、「日の丸」の前での硬直を美と錯覚し、イニシエーションの儀式を狂いの場にしている。歴史を古層に遡行《そこう》するのではなく、帝王学である幾何の発想に習熟すれば、円は球に転換して力の湧出《ゆうしゅつ》を生み、日本人は世界に雄飛できるというのに……。

トーラスを透視し現状を乗り越えて、思考停止状態から自らを解き放てば、亡国日本から脱却の第一歩になるし、新しい地平が眼前に開くのである。

注

※1　原題は、Holocosmics:Beyond the new horizon of a united theory in the Meta-Sciences

初出は、Bulletin of the International Earth Environment University,（IEEU）Volume 21, January 2000 issue（２０００年1月発行、ニューヨークの国際地球環境大学「学術論文集　第21号－新千年紀への期待　特集」）。

この英語論文を翻訳、一部加筆。

※2　メタ・サイエンス：ニュートン力学、アインシュタイン理論を基盤にした現代科学を超えた高次の科学のこと。

メタ（meta～）とは「高次な」「超」「間の」「を含んだ」の意をあらわすギリシャ語起源の接頭語。

※3　ホロコスミクス：全体的、包括的な宇宙像のこと。ホロ（holo〜）とは「全体の、すべての（whole)」をあらわす接頭語。

※4　ニュートンの法則：物体の運動をあらわした3つの法則。〈1〉慣性の法則／すべての物体はその状態を変化させようとする外力が働かない限り、永久に現状を保ち続ける。〈2〉力の定義／物体の加速度は物体に作用する力に比例し、物体の質量に反比例する。（F=ma／F：外力、m：物体の質量、a：物体の加速度）〈3〉作用・反作用の法則／物体が他の物体に力を及ぼす時、その物体は同じ大きさの反対向きの力を他方の物体から受けている。

※5　非線形：系の状態を任意に変えたとき、その変化に対する系の応答が、変化に比例する状態あるいは現象。直線的に変化を予測できない場合を「非線形」であると言う。

※6　ローレンツ変換：2つの慣性系間の座標（時間座標と空間座標）を結びつける線形変換で、電磁気学と古典力学間の矛盾を回避するために、アイルランドのジョセフ・ラーマー（1897年）とオランダのヘンドリック・アントーン・ローレンツ（1899年、1904年）により提案された。

※7　物理現象において、流体と固体とその間にある「相転移」の状態に相当する現象のこと。

※8　フィボナッチ数：イタリアの数学者レオナルド・フィボナッチにちなんで名付けられた数。n番目のフィボナッチ数列をFnで表すと、F0=0, F1=1, Fn+2=Fn+Fn+1（n≧0）で定義される。最初の2項は0,1と定義され、以後どの項もその前の2つの項の和となっている。すなわち、0,1,1,2,3,5,8,13,21,34,55,89,144,233,,377,610,987,……と続いていく。1202年にフィボナッチが発行した「算盤の書」に記載されたが、古くはインドの数学書にも記載されていた。

※9　フィボナッチ数列の一般項は次の式で表される。

$$F_n = \frac{1}{\sqrt{5}}\left\{\left(\frac{1+\sqrt{5}}{2}\right)^n - \left(\frac{1-\sqrt{5}}{2}\right)^n\right\} = \frac{\phi^n - (-\phi)^{-n}}{\sqrt{5}}$$

ただし、

$$\phi \equiv \frac{1+\sqrt{5}}{2} \simeq 1.618033988749895$$

は黄金比。

この式は１８４３年にビネが発表した。

※10　演算子：演算をあらわす記号・符牒。ｎと３の和を表す式「ｎ＋３」において、＋は演算子。

※11　メビウスの輪：帯状の長方形の片方の端を180度ひねり、他方の端に貼り合わせた形状の図形のこと。

※12　計量テンソル：テンソルとは、線形的な量または線形的な幾何概念を一般化したもので、1846年にアイルランド生まれのイギリスの数学者・物理学者であったウイリアム・ローワン・ハミルトン（1805～65）によって導入され、1915年頃アインシュタインの一般相対性理論の導入によって広く知られるようになった。計量テンソルとは、リーマン幾何学（微分幾何学の一分野）において、空間内の距離と角度を定義する、階数（rank）2のテンソル。

※13　位相：距離・角度・時間といった、ある性質や基準によって、「あるもの」と「あるもの」の違いを測るルール。

※14　位相幾何学（topologyトポロジー）：ギリシャ語のトポス（Topos）とロゴス（Logos）の合成に由来するもので、直訳すれば「位置の研究・学問」のこと。

※15　ストレンジアトラクター（strange attractor）：アトラクターとは、ある力学系がそこに向かって時間発展する集合のこと。非整数次元のアトラクターやカオス理論でしか振る舞いを説明できないアトラクターを「ストレンジ（Strange）アトラクター」という。

※16　ホワイトホール：ブラックホールが物質を再び外部へ逃さずにすべてを呑み込む領域であるのに対して、ホワイトホールは物質を放出する領域のこと。

※17　易経：古代中国の占筮《せんぜい》（筮竹を使用する占い）の書で、符号（シンボル）を用いて状態の変遷や変化の予測を体系化した、古代中国の哲学・宇宙観の集大成。陰陽の元素対立と統合によって万物変化の法則を説く。

※18　ラッセルの思想：第1次世界大戦から活発に社会的な発言や著作を出版。第2次世界大戦直後には世界政府樹立とそれによる平和維持をめざした。1955年、核廃絶を主張した「ラッセル＝アインシュタイン宣言」を発表。ベトナム戦争に対しても厳しい批判行動を展開するなど97歳でこの世を去る直前まで精力的に活動した。

※19　ユウレカ：古代ギリシャの数学者・発明家のアルキメデスが、ひらめいた時に叫んだ言葉。「わかったぞ」「私は見つけた」の意である。

※20　カミトロニクス：従来の紙媒体（書籍など）と、新しく広まっている電子メディアの両方を駆使したもの。書籍の中に出てきた内容を、電子メディアでさらにわかりやすく詳細を解説するという方法が可能になる。

※21　殷賑：活気があって、にぎやかなこと。

参照文献

1. Einstein, Atbert.On the electrodynamics of Moving Bodies; Annalen der Physik 17,1905.Translated by W.Perritt & G.B.Joffeery.The principle of Relativity; Dover Publications Inc., NY, 1952.

2. Peat,David F.The Philosopher's stone; Bantam Books,New York,1991.

3. Gleick, James. Genius; Vintage Book, NY, 1992.

4. Fujii, Naoharu & Fujiwara, Hajime.Inter-Brain Fantasy（Japanese Title 'KannoGenso'）; Toko-Shoin, Tokyo, 1988.

5. Chang, Kingshung & Fujiwara, Hajime.Future Wisdom of Meta-Science（Japanese/Chinese Title 'Uchu Junrei'）; Tomeisha, Tokyo, 1993 and Soiryoku Press, Taipei, 1997.

6. Synge, J. L. Talking about Relativity; North-Holland Publishing Co., 1970.

藤原肇　ふじわら はじめ
1938年、東京生まれ。仏グルノーブル大学理学部にて博士課程修了。専攻は構造地質学、理学博士。
多国籍石油企業の開発を担当したが、石油ジオロジストを経て、米国カンザス州とテキサス州で、石油開発会社を経営した。コンサルタント、フリーランス・ジャーナリストとしても活躍。ペパーダイン大学（米国加州）の総長顧問として、21世紀の人材育成問題を担当する。
処女作の『石油危機と日本の運命』（サイマル出版会）で、石油危機の襲来を予言したのを手初めに、『平成幕末のダイアグノシス』『朝日と読売の火ダルマ時代』『夜明け前の朝日』などで、ジャーナリズム論を展開した。『情報戦争』『インテリジェンス戦争の時代』などの情報理論もある。また、『賢く生きる』『さらば、暴政』（清流出版）、『生命知の殿堂』（ヒカルランド）、『小泉純一郎と日本の病理』（光文社）、『JAPAN'S ZOMBIE POLITICS』『Mountains of Dreams』（Creation Culture）など著書多数。また、『小泉純一郎と日本の病理』、『賢く生きる』、『ゾンビ政治の解体新書』、『ゾンビ政体・大炎上』、『アポロンのコンステレーション』、『旅路と切手をめぐる不思議な世界』、『体感世界のイニシエーション』などはアマゾンの電子版で公開中。携帯やコンピュータで無料で読める。

皇室の秘密を食い荒らしたゾンビ政体

Yanagimushi Conspiracy

第一刷　2020年8月31日

著者　藤原　肇

発行人　石井健資

発行所　株式会社ヒカルランド

〒162-0821　東京都新宿区津久戸町3-11　TH1ビル6F

電話　03-6265-0852　ファックス　03-6265-0853

http://www.hikaruland.co.jp　info@hikaruland.co.jp

振替　00180-8-496587

本文・カバー・製本　中央精版印刷株式会社

DTP　株式会社キャップス

編集担当　小暮周吾

ISBN978-4-86471-916-2

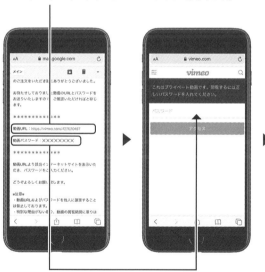

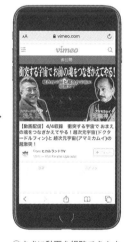

イチオシ動画！

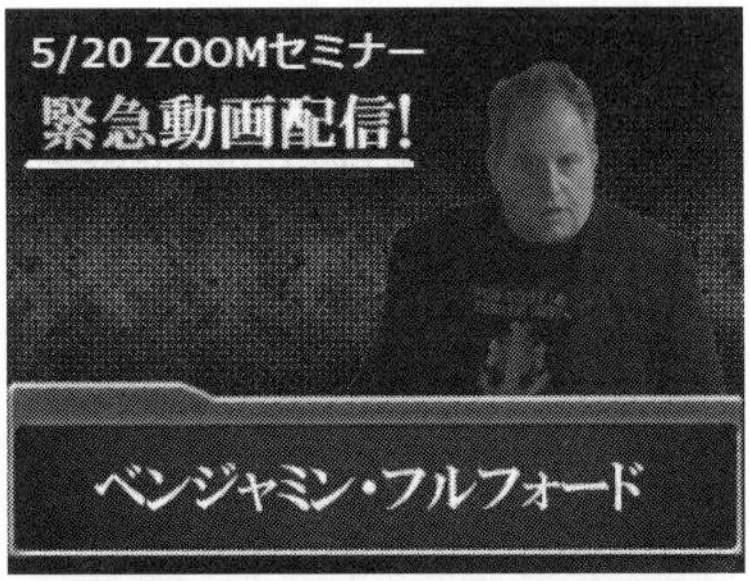

ベンジャミン・フルフォードは見抜いていた！「コロナは壮大な偽パンデミックである！」

出演：ベンジャミン・フルフォード
3,000円（前編）
3,000円（後編）
5,000円（前後編セット）
56分（前編）／
60分（後編）

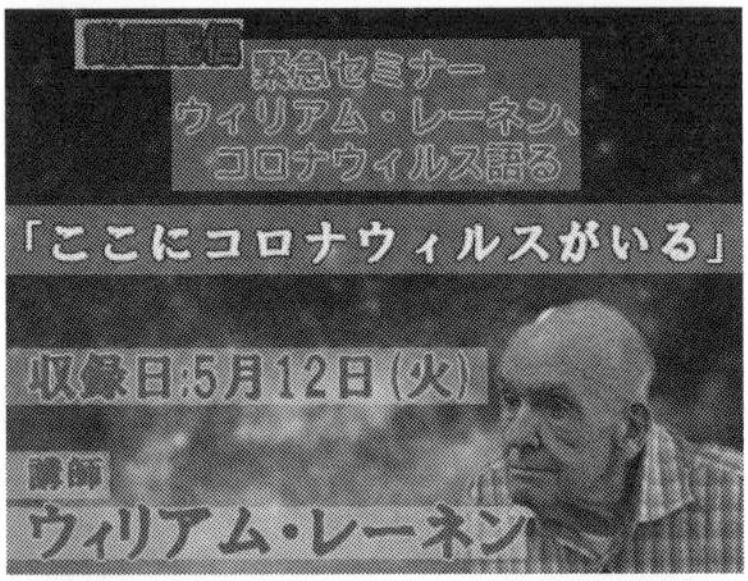

緊急セミナー　ウィリアム・レーネン、コロナウィルス語る「ここにコロナウィルスがいる」

出演：ウィリアム・レーネン
7,000円
116分

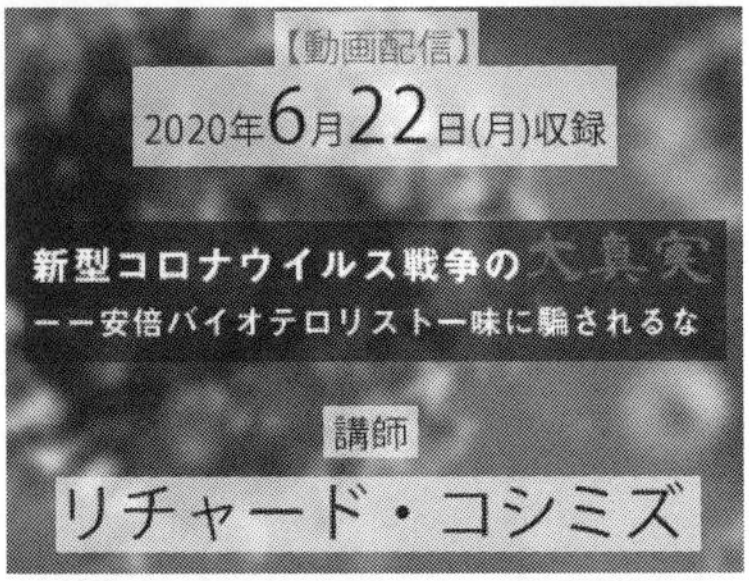

新型コロナウイルス戦争の大真実――安倍バイオテロリスト一味に騙されるな

出演：リチャード・コシミズ
2,000円（前編）
2,000円（後編）
3,000円（前後編セット）
59分（前編）／
55分（後編）

『コロナ、5G電磁波と日本の超危機！』

出演：ケビン（中西研二）、電磁波研究家P
5,000円
88分

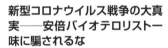